名师成长书系

基于国家课程校本化实施的学科育人路径实践探索

赖海燕◎著

吉林大学出版社

·长春·

图书在版编目（CIP）数据

基于国家课程校本化实施的学科育人路径实践探索 / 赖海燕著 . -- 长春 : 吉林大学出版社, 2023.12
　　ISBN 978-7-5768-2515-2

　　Ⅰ. ①基… Ⅱ. ①赖… Ⅲ. ①课程建设—研究—初中 Ⅳ. ① G632.3

　　中国国家版本馆 CIP 数据核字（2023）第 216175 号

书　　名	基于国家课程校本化实施的学科育人路径实践探索
	JIYU GUOJIA KECHENG XIAOBENHUA SHISHI DE XUEKE YUREN LUJING SHIJIAN TANSUO
作　　者	赖海燕
策划编辑	樊俊恒
责任编辑	王洋
责任校对	李潇潇
装帧设计	笔墨书香
出版发行	吉林大学出版社
社　　址	长春市人民大街 4059 号
邮政编码	130021
发行电话	0431-89580036/58
网　　址	http://www.jlup.com.cn
电子邮箱	jldxcbs@sina.com
印　　刷	武汉颜沫印刷有限公司
开　　本	787mm×1092mm　1/16
印　　张	13.25
字　　数	200 千字
版　　次	2023 年 12 月第 1 版
印　　次	2023 年 12 月第 1 次
书　　号	ISBN 978-7-5768-2515-2
定　　价	68.80 元

版权所有　翻印必究

前言

PREFACE

我国历来奉行"教育兴国、教育强国"的教育发展观，现代国际竞争已转变为人才的竞争，而人才的培养是通过教育来实施的，一个国家的教育发展直接决定了一个国家的整体发展能力和发展进程。国家课程校本化实施，是在坚持国家课程改革纲要基本精神的前提下，学校根据自身性质、特点和条件，将国家层面上规划和设计的面向全国所有学生书面的、计划的课程转变为适合本校学生学习需求的课程的创造性实践。课程校本化不是摒弃现有的教材，另起炉灶，而是学校依据自身和师生的特点，选择、改编、整合、补充、拓展国家课程，使国家课程更符合本校及本校师生的特点和需要，从而促进不同层次的学生在原有的基础上不断进步，让全体学生受益。

在学校教学中，践行国家课程校本化的关键是落实在课堂教学之中。课堂改变，学校就会改变。国家课程的校本化实施，关键在于用好国家课程，合理开发校本课程，改变传统的课堂，让课堂走向开放，充分发挥人的主观能动性，不断优化实施课程的"人"与"物"，使现有的课程发挥最优的作用，从而加深课程内涵，为师生成长助力，为提升教学质量发力。

本书围绕"国家课程校本化实施"这一主题，系统地阐述了深圳市宝安中学（集团）初中部学科育人路径实践，主要内容包括：学校课程体系建设、学校课程体系建设实施规划、基于育人目标的学校课程体系建设。本书内容翔实、条理清晰、逻辑合理，在写作的过程中注重理论与实践相结合，适用于教育理论研究者，也适用于教育管理者以及工作在一线的各学科任课教师。

在写作本书的过程中，作者借鉴了许多相关领域的理论著作，并参考了一些学者的观点和研究成果。作者谨向有关作者表示崇高的敬意和诚挚的感谢。如果这本书有任何不足之处，我们恳请读者和同行批评和纠正。当然，我们也希望每位读者都能为书中的内容和观点提供建议。这些宝贵的建议将使作者在未来的研究中不断改进，也将成为作者实践探索的源泉和动力。

著者

2023 年 11 月于深圳

目 录
CONTENTS

第一章　学校课程体系建设综述 1
第一节　学校课程体系内涵与要素 2
第二节　学校课程体系的结构与类型 7
第三节　学校课程体系建设的方式与流程 9

第二章　学校课程体系建设实施规划 19
第一节　学校课程实施 20
第二节　学校课程评价 30
第三节　学校课程保障 50

第三章　基于育人目标的学校课程体系建设 57
第一节　学校教育思想和育人目标的确立 58
第二节　构建学校课程体系的价值方向和基础性框架 71
第三节　基于育人目标的学校课程体系构建 75
第四节　学科育人——学校课程建设的主渠道 80

第四章　国家课程校本化：学科育人的关键 91
第一节　国家课程校本化的实施 92
第二节　学校层面的国家课程实施规划 99

第五章　校本课程建设特色化：学科育人的聚焦 105

 第一节　学科拓展课程 106
 第二节　综合实践活动课程 110

第六章　国家课程校本化实施学科育人实践案例 115

 第一节　初中道法课程实施学科育人实践案例 116
 第二节　初中语文课程实施学科育人实践案例 122
 第三节　初中数学课程实施学科育人实践案例 129
 第四节　初中英语课程实施学科育人实践案例 139
 第五节　初中物理课程实施学科育人实践案例 158
 第六节　初中化学课程实施学科育人实践案例 165
 第七节　初中历史课程实施学科育人实践案例 176
 第八节　初中地理课程实施学科育人实践案例 191
 第九节　初中体育课程实施学科育人实践案例 198

参考文献 201

第一章 学校课程体系建设综述

第一节 学校课程体系内涵与要素

一、学校课程体系的内涵

学校课程体系的构建从本身来讲就是一项非常复杂的、且具有系统性特点的工作,离不开各方主体的支持和帮助。

从认知和实践的角度来看,学校课程体系与校本课程在内涵方面存在许多相似之处。就当前而言,针对学校课程体系方面的研究与分析,应从四个方面进行:①系统论的演绎。②课程结构的对比。③新课程理念的落实。④定义的角度。以上四个方面的相互作用和相互影响。具体如下:

(1) 所谓系统论演绎指的是将相关事物和意识建立彼此的联系,从而构成一个相对完整的整体[1],从狭义的角度来看,学校课程体系的定义在于将不同的课程整合在一起。

(2) 从课堂结构对比的角度来看,学校课程体系相当于狭义层面的课程结构,即将所有课程进行分工和搭配,以便于达成既定的教学目标[2];从广义的角度来看,学校课程体系可以理解为"基于一定教育价值理念,对学校课程的构成要素进行排列组合,让诸多构成要素在动态执行中达成统一的课程教育目标"[3]的整体。

(3) 根据新课程理念的落实情况来讲,学校课程体系的基本理念在于以学生的发展需求为核心,具有均衡性、综合性以及选择性等特点。其构成要素主要包括六个方面:即课程目标、结构、内容、评价、管理以及实施等六大要素。且分为三大板块,即国家、地方和校本课程[4];基于系统论演绎、课

---

[1] 辞海编辑委员会.辞海(缩印本)[M].上海:上海辞书出版社,1989:257.
[2] 杨树勋.现代高等教育学[M].北京:化学工业出版社,1999:97—98.
[3] 胡弼成.高等学校课程体系现代化研究[D].厦门:厦门大学教育系,2004.
[4] 杨九俊.建设新课程—江苏基础教育课程改革的实践与理论探索[M].北京:人民教育出版社,2008:10—12.

程结构对比以及新课程理念执行的角度,对学校课程体系的定义可以概括为:学校从宏观的视角出发,确定未来一段时间内的基础的教育目标,在不改变国家、地方和学校管理体制的基础上,以及不改变国家课程与学生基本发展目标的基础上,适当的调整和组合国家与地方课程的内容,进一步提升执行效率和质量水平。根据学校基本的教育理念和学校基本发展需求,充分利用校内外教育资源,建设科学合理的校本课程和隐性课程,确保建设的学校课程体系能够突显学校的教育特色,能够最大限度地满足学生的发展需求。

(4)从定义的角度来看,基于系统论的演绎强调的是不同课程之间的逻辑关系,基于课程结构对比视角来看,学校课程体系相当于课程的结构,将新课程理念与两者相互融合,就能够确保建立的学校课程体系更加详细具体,且具有时代性特点。在这一定义的基础上提炼核心要素,并基于这些核心要素对学校课程体系的相似之处和类似的概念进行辨析,比如突显学校课程体系的显著特征,即校本课程和学校课程,以便于更好地诠释学校课程体系的定义和内涵。

(一)学校课程体系与课程

学校课程体系是具有一般意义的课程,目前学术界对其价值取向、开发主体、目标内容、结构维度等方面尚未达成统一的共识。学校课程体系的价值取向在于确保学生的个人成长和发展,以便于其更好地融入社会工作和生活。开发的主体可以是教师,也可以是政府官员或专家学者。目标与内容的建设则存在很多的可能性。从结构维度的层面来进行分析可以发现,通常是基于单数设定的具体课程,既可以是学科,也可以是教材或者教育经验。课程本质就是自成一体的,在某种意义上可视为是复数的课程,但课程之间不一定能够相互融合从而形成完善健全的体系。将课程建立成体系之后,就会将单数的课程变为复数的课程,使其具有结构性特征。对于学校课程体系同样如此。而且学校课程体系是基于校本课程建设的,其价值取向和目标应循证国家制定的教育方针,能够突显学校的办学特征、教育理念和教育目标。开发的主体主要面向全校师生,这点需要重点关注。在对照国家课程的前提下，提出科学的办学理念和具体的教育目标，制定科学合理的课程内容，完成国家、地方与学校课程的开发，形成完善的学校课程体系，为开展后续的教育工作创造有利的环境和条件。

（二）学校课程体系与校本课程

学术界从开发设计的视角切入，对学校课堂系统与校本课程的概念进行了明确的定义，从狭义的角度来看，校本课程指的是教育部授权给学校自主开发的部分课程，从广义的来看，校本课程即包括国家教育部门授权学校自主开发设计的课程，还包括国家与地方课程的校本化课程内容。相比于狭义层面的校本课程，学校课程体系的价值取向、教育目标和开发主体等方面存在一定的相似之处。两者的教育目标和价值取向都是围绕学校办学理念和教育目标展开的，开发的主体都是全体师生。但在内容和结构方面表现出明显的区别，学校课程体系的内容额外包含了国家和地方课程的校本化内容，其结构能够突显不同课程之间的关联性，但狭义层面的校本课程不具备这些。与广义层面的校本课程进行对比就能发现，在不考虑校本课程无法突显课堂之间关联性的情况下，两者在其他维度上存在很多相似的地方。

（三）学校课程体系与学校课程

通常在研究课程方面就会提及学校教育的内容和目标，但即便如此，考虑到学校课堂的中性特点，其无法突显其价值取向、开发主体以及教育目标的本质特征。将课程与学校结合在一起，存在语义重复的嫌疑，但有利于突显课程的价值取向、开发主体和实施教育目标的基本特征。简单来说，与课程相比，学校课堂是对课程的强化，能够突显学校的教育理念、教育目标，有利于实施教学计划，但会对国家、地方和校本课程的身份产生一定的削弱。但在突显课程结构性关系方面的效果并不明显。所谓学校课程体系就是基于学校课程建设的结构性课程体系，尝试将国家和地方的校本化课程内容与学校课程融为一体。

（四）学校课程体系建设与课程改革

在新课程改革中，建设学校课程体系是不可或缺的关键环节，是从学校的角度去检验课程改革的实践效果。但两者的定义和概念存在一定的区别，建设学校课程体系是为了确保在课程改革过程中，学校价值取向与学生发展需求保持一致性，从而建立具有一定内在逻辑的课程体系。

根据以上研究成果来看，对学校课程体系的概念进行如下定义：学校根据办学理念和学生基本发展需求为目标，尝试将国家、地方和校本课程融为一体，尝试对国家和地方课程进行二次开发，从而建立具有一定内在逻辑联系的课堂体系，完成课程改革的最终目标。其建设内容主要包括三个方面，首先是设置宏观课程内容，即建立课堂之间的结构关系。其次是组织中观层面的课程内容，即将不同课程内容之间做到协调统一。最后是呈现微观层面的教材内容，即做到课程教材各内容之间的协调统一。此外还涉及以下三个方面的内容。第一，建设学校课程体系，即学校根据自身实际情况，有组织地开展课程开发和实践工作，比如课程规划、课程实施、课程评价和课程领导等内容。第二，基于学校核心办学理念和学生发展需求，建设规划、开发、实施和评价为一体的学校课程体系。第三，突显学校建设课程体系的主体身份地位，协调各方面的力量参与建设学校课程体系，比如教师、学生和校长，此外还要整合社会资源邀请各方社会力量参与其中。要求参与建设学校课程体系的主体必须了解课程开发和改革的目的，必须具有一定的协同配合和创造能力。

二、学校课程体系建设的要素

建设学校课程体系的基本要素，不仅包括课程理念、目标、内容、结构、实施与评价等多方面的常规构成要素，还涵盖学校课程背景、核心办学理念、学生教育目标以及课程改革等特殊构成要素。此外，学校课程背景是设计和建设学校课程体系的前提和基础，是一切根源所在。所谓学校课程背景指的将课程各部分内容、层次和构成要素进行整合形成的产物，其作用在于方便我们去探索课程之间的内在逻辑和本质属性[1]，其目的在于精准的找出

---

[1] 上海教育委员会教学研究室.上海：学校课程计划编制实践指南[M].上海：华东师范大学出版社，2014：3.

解决课程问题的方法,并将其更好的付诸实践①;建设学校课程体系的核心在于遵循学校的办学理念和确定学生的教育目标,一切建设工作必须基于以上两点开展和进行。建设学校课程体系的有效保障在于课程的不断更新,课程的更新和创造为落实和执行办学理念和教育目标创造一切有利的环境和条件。

---

① 上海教育委员会教学研究室.上海:学校课程计划编制实践指南[M].上海:华东师范大学出版社,2014:3.

第二节　学校课程体系的结构与类型

一、学校课程体系的结构

从构成学校课程体系要素之间的关系来看，学校课程背景是建设的前提和基础，是其他构成要素相互作用、相互关联的前提条件。但抛开学校课程背景不谈，学校核心办学理念和学生教育目标是建设学校课程体系的另一核心要素。而课程内容、目标、组织、实施、评价和更新等构成要素的存在是为了确保更好的贯彻和执行学校核心办学理念和教育目标。在新课改的时代背景下，对现有的基础教育课程进行深化改革，建立集学习领域、学科课程和模块为一体的课程建设方式，通过开发不同课程的方式来突显学校的办学理念和学生培养目标。从纵向的角度来看，学校课程体系分为八个层面，即理念层、目标层、学习领域层、课程层、模块层、实施层、评价层以及更新层。从横向的角度来看分为三个组成部分，即基础类课程、拓展类课程和探究类课程。

此外，在纵向角度上各层面之间需要产生垂直贯穿的关联性，比如从理念层、目标层到评价层。而学习领域层、课程层、模块层、实施层与评价层之间呈现出双向贯通反馈的关联性。从横向角度来看，基础类课程是前提和基础，拓展类课程是在基础类课程的基础上进行的拓展延伸，探究类课程是针对某一基础课程进行的纵向延伸。

二、学校课程体系的类型

根据以往划分校本课程类型的经验来看，基于建设学校课程体系的根本原因，可将其分为两大类，一类是学校内部自发建设，即学校教育工作者在教育实践中发现问题，并主动探索找出解决问题的方法，尝试开发新的课程体系。另一类是根据外部指令强制建设,即根据上级教育部门的行政要求,或者迫于外界对学校造成的压力,学校被迫做出的反应和动作。基于学校课程体系与国家课程体系之间的关联性,可将其分为两大类型,即建设全国课程框架和建设超越全国课程框架[①]。

根据建设学校课程体系的学习领域和课程内容,可将其分为六种类型,首先是新编类和拓展类,其次是补充类和整合类,最后是改变类和选择类。

根据横向角度看待学校课堂之间的关联性,可将其分为两种类型,一种是基础类型,包括树状型和块状型两类。另一种是复合型,包括树状-块状型和块状-树状型两类。

(一)基础类型

1. 树状型

课程之间的重要性存在主次之分,主干课程往往是那些基础类的课程,其核心内容在于基础知识、能力、行为习惯和情感价值等。而次要课程主要指的是一些辅助类课程,其目的在于满足学生个性化发展需求,使其更好地适应社会发展变化。

2. 块状型

基于学科构成理论和智能结构理论,将课程设置成不同模块,为满足办学理念和学生培养目标的基本需求,对课程模块进行组合搭配,确保各模块之间是相互独立相辅相成的关系。

(二)复合类型

1. 树状-块状型

根据主要和次要课程的方式建设学校课程体系,再将不同课程模块的内容设计成具有主次之分的课程。

2. 块状-树状型

先设置主次之分的课程模块,再设计主次之分的课程体系。

---

① 崔允漷. 校本课程开发:理论与实践[M]. 北京:教育科学出版社,2000:79.

第三节 学校课程体系建设的方式与流程

一、学校课程体系建设的方式

建设学校课程体系不仅需要提炼学校的核心办学理念与学生培养目标，还要重视课程管理、实施和评价等多方面的内容建设。既要包括宏观层面的建设，也要涵盖中观层面的课程开发，还要涉及微观层面的课程内容实施和呈现。在建设方式的选择方面应根据实际情况作出调整，各侧重点有所不同。这里所选择的建设方式包括三个方面，首先是基于学校核心办学理念和学生培养目标进行建设，其次是基于学校课程体系整体的角度，尝试从不同层面和角度进行拓展。最后是建立集课程开发和实施为一体的建设方式。

（一）学校课程的开发方式

1.创编、拓展、补充、整合、改编、选择

我国学者吴刚平、崔允漷、徐玉珍等人在其研究中对校本课程的开发方式进行详细的解释和定义，其研究成果为建设学校课程体系具有一定的指导作用，比如在课程开发方式方面给出了更多的选择，即课程选择、改编、整合、补充、拓展以及创编等开发方式。所谓课程选择指的是从诸多课程项目中找出适合学校开展教育活动的课程内容。课程改编指的是在原有课程内容的基础上，针对不同群体的学习需求，适当调整课堂内容和课程结构安排。在开发校本课程中，这里的改编指的是教师在原有课程内容和目标的基础上进行修改，创设出适合教学目标的课堂教学情境。所谓课程整合指的是将不同知识体系融合在一起，并以此来开展课程开发活动。课程补充指的是以提高国家课程教学质量为目的进行课程开发和创新设计。课程拓展指的是在原有的课程范围内进行目的性的拓展和开发活动。课程创编指的是开发一种全新的课程单元。

2. 分类、分层、专项、综合、特需

根据不同课程的难易程度，可将数学、物理、化学和生物等课程设计成为一个具有严密逻辑关系和结构的课程体系。将语文和外语等不具备逻辑关系的学科，按照主次课程和自选课程的方式进行分类设计。将通用的信息技术类学科课程按照行业类别进行分类。将历史、生物、政治等具有单一特质的学科，以动手实践的方式获得体验和实践经验，对其进行综合设计，设计的参考依据和标准包括个体的技能学习、团队协同能力、综合主题式课程、专题研究项目等。此外，根据学生特殊的学习需求设计针对性的书院课程。不同的课程开发方式获取的结果并非是毫无关系的，他们是分类与分层、专项与综合相互交叉存在的关系。

（二）学校课程的体系化方式

1. 细化

建设学校课程体系必须做到从纵向层面到贯通连接，尤其是学习领域层、课程层、模块层等方面的贯通，为贯彻落实学校办学理念和学生培养目标创造有利的条件。从横向层面上要做到不同层面之间的协同与关联。而实现这一目标的前提在于将办学理念、学生培养目标、课程目标内容进行细化处理，从中提炼出关键因素并对其进行补充说明。对学校核心办学理念和学生培养目标进行提炼和补充说明，为建设学校课程体系以及付诸实践提供一定的理论依据，为划分课程内容类型和范畴提供一定的参考依据。在细化课程目标方面获得两个有利点，第一，有利于明确不同课程的价值导向，为实现目标层奠定良好的基础，有利于课程类型和领域的划分。第二，有利于探索课程目标层面之间的逻辑关联性。以细化课程内容的方式找出不同课程内容之间相互交叉重复的地方。

2. 筛选

对学校核心办学理念和学生培养目标进行细化以后，进一步明确国家、地方与校本课程的核心要素。重点要对国家和地方课程的内容进行筛选，然后制定适合学校的建设课程体系的方式。在筛选校本课程的过程中，决定哪些要素有利于促进学校课程体系的建设，并进行适当的删减。

3. 归类

建设学校课程体系需要进行整体的规划，这里面包括课程内容、实施和评价等多方面的内容，在课程分类设置方面需要注意领域和范畴的划分，这样才有利于建设学校课程体系。归类的方式主要分为三种，首先从课程角度来看，根据课程的内容属性将其分为科技、艺术、生活技能和身心健康等方面。其次根据课程在教育体系中的重要性，将其分为必修和选修课程两种类型。最后基于课程学科类型，将其分为学科课程和活动课程两种类型。在实施过程中，方式的选择具有一定的相似之处，可以将同一实施方式的课程分类在一起。课程评价方面同样如此。

4. 构图

所谓构图指的是将建设学校课程体系以图形的方式呈现出来，突显办学理念、学生培养目标、学习领域、课程实施与评价等关键要素，呈现出各要素之间的内在关系，为建设学校课程体系提供一定的构思和建议，是建设学校课程体系的重要基石，是建设阶段性成果的具体体现。

（三）学校课程的实施方式

1. 齐头并进

在建设学校课程体系过程中，需要对教育和教学的各个环节和层面进行系统性的改革，而不是针对课程进行改革。这一改革需要学校行政管理、教育教学和课程教学研究以及教学评价等多个方面的相互配合。从课程层面的角度来看，改革不仅仅是对课程内容的校本化处理，还需要针对课程的目标、内容、实施以及评价等多个方面进行系统性的改革。

2. 分进合击

从学校开展教学活动的行政管理、课程研究以及教育教学等角度，根据课程目标的设计、课程内容的编排、课程的实施以及课程的评价等，分别设计针对性的实施方式和实施任务，确保实施途径具有各自的特点和特色。尤其是不同学科类型课程之间，制定的实施任务和实施方式要有各自的侧重点，不能统一规划和设置。在设置学校教育教学任务和课程任务方面，应突显学校的办学理念和学生的培养目标，应围绕这两个方面制定科学合理的实施途径和方式。需要注意的是我们建设学校课程体系的目的在于更好地贯彻落实学校办学理念和学生培养目标。

二、学校课程体系建设的流程

之所以建设学校课程体系，其目的在于帮助学校全面了解学生的个性化发展需求，从而制定差异性和多样性的教学策略，对传统的教育教学进行系统性改革。因此，不同学校在建设学校课程体系的过程中，其目标和内容呈现出明显的差异性。但建设学校课程体系的流程并不是固定不变的，不可能建设一个统一的学校课程体系来满足所有学校的教育教学需求。简单来说，我们只能确定一个大致的建设学校课程体系的框架流程，这一流程包括组织建设、分析现状、拟定目标、编制方案、解释实施以及评价修订等方面。[①] 此外还存在两种特殊的操作流程，一种是根据国家与地方课程内容进行校本化补充和处理。另一种是根据校本课程欠缺的部分在国家和地方课程中找到填补的内容。

（一）国家课程、地方课程开足开齐，校本课程开设充裕情势下的学校课程体系建设流程

基于国家与地方课程建设学校课程体系的流程分为以下四个环节，第一，从国家与地方课程的校本化内容中提炼出与办学理念和学生培养目标相匹配的课程内容。第二，对学校办学理念和学生培养目标进行细化处理，将其分为不同的类型和领域，并对国家与地方课程的校本化课程内容进行筛选与分类。第三，对国家和地方课程以及校本课程内容进行筛选和细化处理后，对其进行整合分类，根据不同的类型和领域分为不同的课程模块。第四，制定课程实施、评价和更新模块。

---

① 吴刚平. 校本课程开发 [M]. 成都：四川教育出版社，2002：120.

（二）国家课程、地方课程开足开齐，校本课程开设欠缺情势下的学校课程体系建设流程

基于国家与地方课程内容建设学校课程体系的流程不仅包括以上提及的各个环节，还包括校本课程的开发环节。根据以往的研究成果来看，开发校本课程的流程可以参考图1-1[①]；

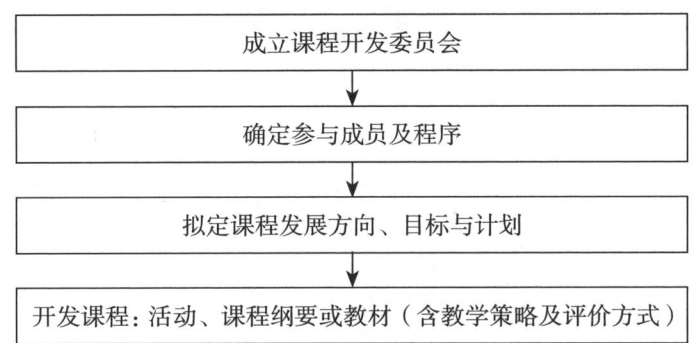

图1-1　托马斯的校本课程开发流程图

实施课程开发结果的流程可以参考表1-1[②]。

表1-1　校本课程开发实施方面流程表

	主要议题	参与人员	角色定位
组织建立	成立课程委员会及相应工作小组、确立参与成员及工作程序、进行校本课程开发准备	1. 教师、主任与校长 2. 学生 3. 校外咨询人员 4. 学校行政人员	1. 决策、讨论 2. 讨论、决策 3. 咨询 4. 支持
情境分析	进行需求评估、问题反思、资源调查	1. 教师、主任与校长 2. 学生与家长 3. 校外咨询人员 4. 学校行政人员	1 决策、讨论 2. 讨论 3. 咨询 4. 支持
目标拟定	澄清教育哲学思想、确立一般目标与具体目标	1. 教师、主任与校长 2. 学生与家长 3. 校外咨询人员 4. 学校行政人员 5. 政府部门 6. 工作小组	1. 决策 2. 讨论 3. 咨询 4. 支持 5. 咨询、督导 6. 支持、讨论、咨询

---

① 崔允漷. 校本课程开发：理论与实践[M]. 北京：教育科学出版社，2000：76.
② 吴刚平. 校本课程开发[M]. 成都：四川教育出版社，2002：120.

续表

	主要议题	参与人员	角色定位
方案编制	确立工具与方法、选择课程材料与组织形式	1. 教师、主任与校长 2. 学生与家长 3. 校外咨询人员 4. 工作小组	1. 决策 2. 讨论 3. 咨询 4. 支持、咨询、讨论
诠释与实施	强化教育哲学思想和特色意识、营造条件与氛围、统筹教育资源	1. 教师、主任与校长 2. 学生 3. 校外行政人员	1. 决策 2. 讨论 3. 支持
评价与修订	设计监控和交流系统、准备评价方案、追踪实施效果、收集反馈意见、修订课程与课程开发方案	1. 教师、主任与校长 2. 学生与家长 3. 校外咨询人员 4. 学校行政人员 5. 政府部门	1. 决策 2. 讨论 3. 咨询 4. 支持 5. 支持、咨询、督导

此外，在理解校本课程开发流程方面，还应该包括国家课程的校本化理解。其开发流程与建设学校课程体系的流程存在诸多相似的地方。

三、学校课程体系建设的策略

（一）把国家课程、地方课程和校本课程均看作是学校自己的课程

从课程管理、课程主体权利与责任的划分角度，对国家、地方与校本课程进行三级分类。这种分类方式并非是对课程形态的定义，不是说哪些课程类型是高级和低级的，也不是说哪些课程类型是主要和次要的。[1]但考虑到不同课程主体之间存在主次之分，大多数学校课程体系的建设都是基于校本课程开发进行的，通常不会超出国家与地方课程的范畴，这就导致学校开发的校本课程与国家、地方课程之间存在内容交叉重复的情况，开发的校本课程存在显著的同质化现象。因为学校课程的总时长是固定的，国家与地方课程不能随意变动，在国家与地方课程的限制下，开发的校本课程难以呈现出多样化特点，且时长在总课时时长中的占比也是非常有限的，为实施和操作

---

[1] 教育部基础教育司. 走进新课程——与课程实施者对话 [M]. 北京：北京师范大学出版社，2002：191.

学校课程体系增加了不小的难度，无法通过课程开发来突显办学理念，无法有效地达成核心的办学理念和学生培养目标。因此，在建设学校课程体系方面，首先应打破现象认知层面对课程三级分类的等级限制，敢于突破国家与地方课程的限制，开发出具有特色的多样化的校本课程。此外各学校在遵循课程改革政策的前提下，可以大胆地尝试建设具有学校特色的课程体系。

学校本身需要形成强烈的建设课程体系的意识，不仅有利于促进学校课程体系的建设，也有利于促进学校高效地开展教育工作，能够突显学校的办学理念和学生培养目标。所以，学校课程并非是一般意义的课程，必须明确其价值取向、开发主体、课程目标和内容等多个构成要素。学校课程的价值取向与课程目标的设定，不仅要按照国家制定的教育方针政策来制定，还要符合学校核心办学理念以及学生培养目标。开发学校课程体系的主体以全体师生为主。课程的内容不仅包括国家、地方和校本课程的相关内容，还要根据学校办学理念和学生培养目标将这三个方面的课程内容进行整合。从某种程度上来说，学校产生建设课程体系的意识，需要学校明确办学理念和学生培养目标，并将这两者始终贯彻于整个教学实践过程中。此外，还要充分发掘开发主体的创造力和领导力，让全体师生成为开发学校课程体系的重要参与者和主导者。最后，在建设学校课程体系过程汇总，从横向和纵向的角度对不同课程进行整合和分类，制定多样化的实施和整合课程的方式。

（二）以学校办学核心理念和学生培养目标统领学校工作的全过程和各个方面

基于学校办学理念和学生培养目标设计的学校课程体系机制，是建设学习课程体系的关键所在。[①]建设学校课程体系的内容不仅仅包括建设课程领域，还需要对整体的教学层面和环节进行创新设计。这里的创新设计主要围绕着课程理念、目标、内容、组织、实施、评价和更新等方面展开，应确保学校文化、行政管理、教育教学、教学评价研究等方面和环节与创新设计之

---

① 上海教育委员会教学研究室.学校课程计划编制实践指南[M].上海：华东师范大学出版社，2014：3.

间的相互匹配。所以，根据学校的办学理念和学生培养目标去建设学校课程体系，就是在建设过程中出现在不同环节和层面突显出学校的核心办学理念和学生培养目标。在建设过程中的每个流程和步骤都要以学校办学理念和学生培养目标为指导，对于学校而言更重要的是了解自身的办学理念和培养学生的目标，形成建设学校课程体系的自主意识。

基于学校核心办学理念和学生培养目标建设学校课程体系的方法主要分为细化和筛选两种。这里的细化主要包括两个方面，首先从学校办学理念和学生培养目标中提炼出关键信息并对其进行补充说明，其次在开展学校教育工作中展现学校办学理念和学生培养目标。而筛选指的是针对学校办学理念和学生培养目标的细化内容进行筛选，找出学校教育工作中存在的缺陷和不足，并制定针对性的解决方法。比如在筛选国家和地方课程过程中，找出适合创新开发学校课程的方式方法，并对校本课程进行补充。在筛选校本课程过程中，决定删减哪些原有的校本课程，增加额外哪些课程内容。

（三）把课程整合作为学校课程体系建设的首选切口和主要方式

以学校办学理念和学生培养目标为指导开展学校教育工作，并不意味着在学校课程体系的建设过程中需要确保各方面工作都有序推进。相反在建设学校课程体系的初级阶段，最关键的一步在于整合课程内容，为学校教育工作的改革创造有利的条件。对于学校课程改革而言，其重点在于解决教育教学实践中遇到的合理性问题，其他方面的改革则是为了满足教育教学的基本追求。而合理性改革的前提在于有效性，合理性与有效性之间是相互独立相互依存的关系。简单来说，学校在教育改革中想要确保成功，就必须全面推进课程改革。假设学校无法确保全面改革课程，就会限制和影响学校教学的改革进程，甚至会让改革变得毫无意义。而且想要确保全面推进课程教学改革，其重点在于如何确保课程整合与课程规划设计相匹配，以此来突显学校的办学理念和办学特色。

在整合课程内容方面，应以不同的角度和形式对课程内容进行分类，比如在整合单一科目课程内容方面，应明确该课程与其他学科课程的科目界限，以广域课程、核心课程和科际课程相结合的方式对课程进行整合，或者以超越学科课程和经验课程的方式进行整合。① 在建设学校课程体系过程中选择何种整合课程的方式，必须要考虑学校目前的具体情况。单一学科课程内容的设计存在交叉重复比较严重的情况，难以突显课程内容的重难点。鉴于此，对于学校而言，课程整合需要从纵向的角度进行内部整合。整合的关键在于基于学科核心思想、学科核心素养和学科关键问题提炼出学科知识体系的关键内容，并对其进行整理、加工、分类和补充解释。

（四）紧扣"学校课程"研制学校课程体系建设方案

学校课程体系的构建首先要做好顶层设计，应对学校课程进行系统性的规划和设计。在顶层设计的过程中，需要考虑学校课程体系建设方案的选择与实施，要突显其文本化特点，建设方案是对教学目标和贯彻实施国家、地方与校本课程的实际体现，是构建学校课程体系的蓝图，确保建设学校课程体系的目标顺利实现，并以此去指导日常教学实践工作，确保对建设学校课程体系结果产生一定的积极作用。而研制学校课程体系建设方案的主体以学校和教师为主，需要两者相互协同配合，根据上文研究的学校课程构成要素和结构类型绘制出初步的设计框架和导图。

---

① 周佩仪. 课程统整[M]. 厦门：复文图书出版社，2003：77.

第二章 学校课程体系建设实施规划

第一节 学校课程实施

一、学校课程实施的定义

学校课程实施是学校建构课程的一种方式，在校长的领导下，教师、学生、家长及当地的教育行政机关等机构广泛参与，共同研制与开发学校的课程。

学校课程实施从学校的办学理念、学校的条件和传统优势、学生的现实需要和发展的需要出发，以模板组合式、社团活动式、多元综合式等多种方式建设本校课程，促使国家课程、地方课程与校本课程之间的融合与创生，建设更多可供学生选择的多彩课程，促使学校课程更具体化、更注重实践。

学校课程实施是国家课程、地方课程和校本课程的有机融合和灵活创造。学校课程实施不能不考虑国家课程与地方课程的建设，应该与国家课程与地方课程形成整体。由于国家课程的规范性、宏观性和统一性，不能考虑到学校及学生的差异性，因此，学校要探索国家课程与地方课程在学校层面的创造性的实施，使得国家课程与地方课程更能符合学校的发展需要。

二、学校课程实施的主体

变革的成功是受内外的刺激相互影响的，校长、教师、学生和学区成员的学校内部成员与外部的支持共同促成的。

（一）校长

校长在教育变革中，发挥着不可忽视的作用，是课程变革的规划者、领导者和建设者。曾有学者认为：作为学校的管理者和领导者，校长是一所学校的灵魂，有什么样的校长，就有什么样的本校的课程实施。在课程实施中，校长是决定学校课程实施成败的关键人物之一。

1. 校长是学校课程实施的规划者与组织者

从本质上说，基于学校的课程的建设是为了满足学校的发展需要，是建构学校特色课程的一种策略。校长理想的学校是什么样的？根据学校的课程资源，校长想把学校办成什么样？如何办？校长想实施什么样的课程？如何创建学校的课程？这就需要校长先设计好学校发展的总蓝图、规划好学校的课程，明确学校的办学理念和追求实际价值取向。校长在规划学校的发展蓝图时起着重要的作用，必须具有较强的预测能力、问题意识、协调能力。

（1）预测能力

这是规划的第一步，是规划的前提和基础。规划是建立在对未来情况的预测基础上，预测必须以调查研究或材料分析为前提，这样才能保证材料或者数据的真实性和有效性。校长要分析社会、经济发展的状况，依据学校的优势、特点与性质，评估学生的发展需求，根据这些条件，才能规划学校课程发展的蓝图。校长还要预测学校发展的前景，充分考虑哪些课程符合学校的发展，哪些课程符合学生的需要，哪些课程是为学生的将来发展做准备的等等问题。

（2）问题意识

具有问题意识，是作为校长必备的能力。在课程实施的过程，校长要处处留心，留意课程的实施情况。校长是学校的主要的管理者和领导者，在课程实施中，要不断地观察学生的情况，及时发现学生的状况。课程实施是不断探索的过程，问题的出现是难以避免的，校长要正视问题，努力寻找解决的办法。在出现问题时，校长不能孤立地寻找问题的答案，要与教师、学生积极探讨，共同探索问题解决的方案。不断地发现不足与缺点，才能使得学校的课程越办越好，越走越远。

（3）协调能力

校长的协调能力主要指的是协调好国家课程与学校课程的关系，学校和社区关系、学校和教师关系、学校和学生关系、学校和家庭关系等等。校长应从各个方面考虑问题，协调好各个方面的关系，规划好学校课程实施的蓝图，组织好课程实施工作。

2. 校长是学校课程的领导者

校长规划好课程实施的方案以后，带领全校的教师、学生进行全面的课程实施。

第一，校长要厘清学校的办学宗旨，能够与教师们一起确定学校的办学目标。运用创造性的思维，创设多种多样的情境、开辟多种的途径让教师参与讨论和制定学校的办学理念，并与全校师生为实现这个理念而不断地努力。

第二，校长应具有较强的领导能力，带领全校师生进行课程改革。校长的领导能力不仅体现在行政领导能力与专业领导能力，行政领导能力主要指的是对学校一切事务的管理与领导，如日常管理、教学管理等等；专业领导能力指的是校长要具有精深的专业知识、广博的基础知识和较强的综合实践能力，与教师与学生合作，共同建设学校的课程。

第三，校长不仅应该带领全校的师生进行课程改革，他还应该"带领"社区、家庭进行课程改革。校长应该与社区、家庭建立一个良好的沟通网，时刻与他们联系。家长与社区也能及时反映学校课程实施的情况，如果不符合学生的发展的要求，那么学校有权把这门课收回；如果这门课得到了大家的认同和支持，那么学校就能全力发展。校长应该与社区、家庭一起交流，并得到他们的支持与帮助。

3. 校长是学校课程的建设者

校长不仅是课程实施的规划者、领导者，也是课程的建设者。校长在课程领导方面赋予了很大期望，承担着课程规划、课程领导、相关课程事务的协调与组织等各项任务；也在课程实施中发挥着决定性作用，是学校课程实施的规划者、领导者、决策者和建设者。

（二）教师

学校课程实施不仅需要校长的领导，还需要教师的开发与执行，教师是课程实施中的核心人物，是课程实施的主要依靠力量。

1. 教师是学校课程实施的研究者或者学习者

教师通过各种方式补充、学习有关课程及其建设的专业知识、实践能力和技巧；教师也是学校课程实施的研究者，要以课程实施者的身份不断研究学校的课程，不断地为学校课程实施寻找新的方法，参考来自国家、地方和学校的各种资源和信息，学习理论知识和来自实践的经验，促使学校课程实施不断地走向一个可持续发展的正轨上。

2. 教师是学校课程实施的执行者

作为课程实施的执行者，教师必须具有较强的课程意识、创新精神和实践能力。教师是学校课程实施的重要人物，他要认真领会学校课程实施的目的、原则、方法，在此基础上把新开发出的课程纳入正规的教学工作中教师也是学校课程主要的实施者，他传授的方法直接影响着学校课程实施的成败，关系着学生的全面发展。

3. 教师是学校课程实施的评价者

教师在课程评价时，需要做好以下工作：如实地记录学校的课程材料在教学活动中出现的问题；如实地观察学生在学习课程中的反应及行为；如实地考察课程材料或信息在实现学校的课程目标方面的功效；分析学校的课程是否能够满足学生的需求、兴趣及能否达到国家和地方的统一要求等等问题。此外，教师需要及时整理考察的结果和相关的资料，撰写并向学校提供相关学科课程质量评价报告。

教师是校长与学生、家长之间的纽带，教师根据学生的需要与兴趣，把学生的建议与意见、家长的反馈信息及时地反映给校长，使得校长了解教学一线中出现的问题，及时地解决问题，提供给学生更优质的课程。

三、学校课程实施的客体

学生的学习态度影响着课程计划的实施，每个学生都可能有不同的人生规划及不同的学习目标，他们也可能相对于课程专家和教师有不同的见解。在大多数情况下，课程改革的目的是为了更好地促进学生的发展，但是，学生不一定能认同这些改革目标，或不像课程专家预期的那样深刻。课程改革的实施要得到学生支持是相当重要的，要让学生觉得课程改革是为了实现自身的发展,而不是把他们作为实验的牺牲品。如果学生支持课程改革的实施,就可以让教师尝试新的课程内容和教学方法,为教师提供强而有力的支持。

学生对于课程实施的影响不仅在课程改革的态度,也可能显示匹配的课程实施和反馈。当学生主动参与课程改革时,他们积极了解新课程的学习内容和学习方式,并愿意接受改革,积极配合教师来实施各种内容、形式和课程改革的方法。学生是课程实施最直接的感受者,可以提供最有价值的反馈。

一般说来,学生在课程实施过程中的作用往往被忽视。事实上,学生作为课程实施的一个重要参与者和课程资源的一个重要组成部分,对课程实施过程的影响越来越受到关注。成功的改革要求教师接受新改革方案,改革也需要学生的参与。因为学生在教学的过程中有权利表达他们的期望,教学过程是教师和学生之间的合作过程。学生在课程的实施过程中不是被动接受者,他们在选择课堂活动和学习内容方面起到积极的作用。因此,在课程实施的过程中,应密切关注学生所处的文化环境,否则将使精心筹划好的教育行为不能得到学生的理解和配合,课程实施将无法实现高效率执行。

四、学校课程实施的方式

课程实施是一种全新的课程开发策略,是在学校中不断生长变化的过程。每所学校都是具体的、独一无二的,建设的课程也各有特色。学校课程实施,使得国家课程、地方课程和校本课程融入学校的整个课程体系中,促使学校课程最大化的发展。在这过程中,校长和教师应积极"创造适合学生的课程",从学校的办学理念、特点、文化传统优势及学生的发展需要入手,试着探索适应本校课程实施的方式。

(一)模板组合式

模板是个舶来词,有学者认为模板来源于心理学领域,还有的学者认为模板来源于工业领域,课程领域所谓的模板是指将内在逻辑关系紧密的、学习方法的要求和教学目标相近的课程内容整合在一起,构成小型化的块状课程。学校根据学生的需要及课程内容的特点和性质,在国家允许的范围内调整课程的结构,改变课程设置,依据《国家义务教育课程设置及比例》,合理地调整课时安排。学校根据学科内的以及学科之间的联系,将课程分为不同的模板,如语文模板、英语模板、科学模板、文学模板等等。由于国家课程的规范性、统一性和权威性的特点,地方课程的地域性、地方特色性等特点,国家课程与地方课程没有很好地考虑到学生的差异性,不能满足学生的需求与兴趣,所以在建设学校的课程时,要照顾到学生的需要与爱好。采用模板组合的方式依据学生心理发展的特点,把重复和交叉的课程内容合并,形成一种新的课程类型。模板组合式促使国家课程与地方课程能够融入学校课程体系中,打破了国家课程与地方课程的条条框框,使得课程内部及课程之间有机结合,增加课程的数量与类型,使课程适应不同学生的发展水平,符合学生的身心特点。

(二)多元综合式

多元综合式是根据加德纳的多元智能理论提出来的[①]。以加德纳的理论为指导,学校在建设课程时,承认学生之间存在着差异,建设多元智力课程,开发每位学生的才能,培养学生的创造性和实践能力。传统的课程开发,其思想主要是发展学生的语言和数理逻辑智能这两种核心智能,培养方式单一。然而,加德纳的多元智能理论提出来以后,许多学校纷纷响应,调整学校课程结构和课程内容,设置多元智能课程不仅能够培养学生的语言和逻辑智能,还能够培养学生的情感、意志、人际交往关系、身体运动等等智能,全面发展学生的智力。

每所学校都有特色,用不同的方式构建本校的多彩课程,促使国家课程、地方课程和校本课程以不同的方式融入学校的课程体系中,使得国家课

---

① 加德纳认为人有8种智能,分别是语言智能——阅读、文字沟通及写作的能力;逻辑——数理智能——推理、计算和以逻辑系统化的方式从事思考工作的能力;空间智能——感受、记忆、辨别、改变物体的空间关系并借此表达思想和情感的能力;音乐智能——感知音调、旋律、节奏和音色等能力;人际关系智能——与别人合作、保持良好的关系,善解人意的能力;肢体、运作智能——善于利用身体语言表达自己的思想和情感、利用肢体动作解决问题的能力;自我认识智能——自我反思、自省的能力,能够正确地意识和评价自己的情感;自我观察智能——认识世界并适应世界的能力,是一种在自然世界里辨别差异的能力,这些智能是人们学习、创造和解决问题的工具。

程与地方课程更具体化、微观化、个性化；使得校本课程能符合学生的需要；促使学校的课程体系不断的完善和成熟。寻找出基于学校课程实施的方式，才能更好地探寻基于学校建设的途径。

四、学校课程实施的基本途径

（一）统整课程不同层级

如前所述，国家课程是由国家规定的课程，具有权威性、整体性和宏观性等特点；地方课程是由地方开设的课程，具有地域性、特色性等特点；校本课程是由学校设置的课程，具有差异性、多样性和微观性等特点。统整课程不同层级即把国家课程、地方课程与校本课程有机的融合和高度的统一，灵活地创造学校的课程，三者存在着必然的联系。在学校课程实施时，不只是独立地开发校本课程。

1. 统整课程不同层级的必然性

（1）从学校的整体课程体系来看

学校的整体课程体系不仅包括国家课程、地方课程还包括校本课程，三者共同构成了学校完整的课程体系。校本课程弥补了国家课程、地方课程的不足；反过来，国家课程、地方课程又为校本课程的开发提供了有利的指导，三者是一种互补的关系，并存于学校的整体课程体系中。

（2）从学生的选择来看

学校设置的课程有国家课程、地方课程与校本课程，在学生的整体认知结构中，很难区分哪些课程属于国家或地方，哪些属于学校。所以在学校开设课程时，也没有明确规定哪些是国家、地方或者学校的课程。学校如果真想这样划分的话，学校教育必将难以有所作为。国家课程、地方课程与校本课程三者没有明显的界线，校本课程也体现地方课程的特色，具有地域性，它们之间是融会贯通的。

（3）从建设的路径来看

校本课程开发从广义来看既包括国家课程、地方课程校本化实施，也包括学校自己开发的课程。校本课程是通过国家课程、地方课程的调适、整合、创生等方式构建的国家课程、地方课程与校本课程是不可分离独立存在的，它们统一构成了学校的整体课程体系。

2. 整体规划课程不同层级

学校的课程规划主要指的是对本校的课程设计、实施和评价进行全面的计划。在建设学校的课程时，首先要对学校的课程做出整体的设计与规划，确定学校课程实施的目标，开设哪些课程，如何设置这些课程，如何建设这些课程等等。从学校课程的规划方案中，了解课程的时间安排、课程内容的选择、教师的配置、场地的需求等等。学校的课程规划是沟通课程改革理论与现实的一座桥梁。整体规划的学校课程，不仅有利于学校的实际教学情况与国家课程、地方课程的有机结合，而且有利于学校的成员通晓学校需要提供给学生什么样的课程。

学校课程实施是国家课程、地方课程与校本课程的有机融合和高度统一，满足学生发展的需求，致力于建设学校层面的整体课程体系，是三级课程整合后形成的具有教育意义和影响力的经验载体总和。其规划，不仅只有校本课程的规划，还有国家课程与地方课程在学校层面的设计和安排，既包括学科课程规划、综合实践活动课程规划，也包括学校课程发展愿景规划和设计。

3. 统整不同课程层级的方法

（1）课程整合

课程整合[①]寻找国家课程、地方课程与校本课程之间的共同要素，将不同层级的课程融合在一起。目前，学校中的课程是由国家课程、地方课程与校本课程组成的，相对于校本课程来说，国家课程占的比例重，校本课程占的比例较轻。所以，学校课程实施将打破这种状态，调整三者的比例，适当

---

① 课程整合指超越不同知识体系而以关注共同要素的方式安排学习的课程开发活动。为了减少知识的分割和学科间的隔离，把受教育者所需要的不同的知识体系统一联结起来。也就是说融合学科间的知识，改变原有的课程结构，合理安排课程，创立综合性课程文化。本节的课程整合是把国家课程、地方课程与校本课程的共同要素相结合，构成一个新的整体。

地增加地方课程与校本课程的比例；而且通过课程整合的方式将国家课程、地方课程与校本课程有机地融合在一起，促使三者以整合的方式存在学校的课程体系中。

（2）课程创生

所谓的"创生"就是在国家课程、地方课程与校本课程的框架下开发新的课程单元或板块，促进学生个性特长的发展和素质的提升。学校课程实施更是一种超越国家课程、地方课程与校本课程的体现，是向高水平的跃迁。

课程的创生首先学校要了解国家课程、地方课程与校本课程的理念、特点和课程结构，不能与国家课程、地方课程与校本课程基本理念相悖；其次学校需要了解教师基本状况、学生的基本特点、条件资源、办学传统等相关要素，不能给学生增加过重的课业负担；最后校长和教师要有课程创新的意识，具备良好的先进的教育理念、教育智慧和一定的课程开发能力。

通过灵活地调整和创造国家课程、地方课程与校本课程三者有机融合的体系，构建合理的课程体系，满足学生发展要求。

（二）践行课程实施创生取向

在本节中，笔者主要强调的创生取向，是根据具体的学校课程方案，校长、教师结合学校的特点、优势与条件，创造出新的教育经验的过程，践行课程实施的创生取向。

创生的课程实施是把课程方案付诸实践的具有复杂性的过程，而不是按图索骥的过程。在学校课程实施中，学校摆脱了国家课程与地方的束缚，创造新型的教学模式，充分突出教师与学生在课程变革中主体性和创造性。在创生的过程中，教师和学生不再是课程的被动接受者，而是课程的创造者和建构者。教师与学生在具体的课程情境中，通过自由对话、合作探究及批判反思等方式创造性地构建课程。教师的教学活动是课程实施的体现，教师通过教学计划、教学内容、教学方式反映课程实施的情况。在充满变化的教学活动中，学生是学习活动的主体，学生的学习结果是学生自己探索或者创造出来的。学生根据自己的原有的水平不同程度创造出知识和能力，而教师的重要工作就是为学生规划能够进行创造性学习的外部条件，成为学生学习的指导者和合作者。教学过程是师生及多种因素间相互作用的推进过程，是一个动态的过程，教师不能过多地干涉学生的学习情况，应积极引导学生参与课堂教学中来，引导学生积极思考、主动探究，而不是一味地为学生讲内容，让学生被动地学。

在创生的过程中，教师应该理解相关课程的内容，注意各学科的特点，有机地进行融合，而不是孤立某一门学科，割裂了学科之间的联系。

课程实施主要通过教学体现，教师在教学时，要了解相关学科的知识，使得本学科知识与相关学科知识相联系，构成一个系统的知识体系，在学校课程实施中，完全发挥教师这一主体的作用。地方课程与校本课程是国家课程的补充和延伸，三者存在着必然的联系，我们应致力于从中找出三者的共同点，贯穿于三者的课程之中，促使三者有机的融合，构成合理的课程体系，满足学生发展。

第二节 学校课程评价

在学校课程实施中,通过评价了解课程的发展状态,探析学校课程实施问题,进而形成改进建议,提升课程品质。指向学校课程实施的评价对学校课程实施发挥着风向标和指挥棒的作用。指向学校课程实施的评价无论是理论研究还是实践探索都较为薄弱;因此,有必要明晰指向学校课程实施的评价内涵,继而探索其现实面临的挑战缘由和优化策略,这将有益于学校课程实施的品质提升,有助于学校课程体系的丰富和完善,有利于实现促进学生发展的根本旨归,从而为落实立德树人提供坚实基础。

一、指向学校课程实施的评价:基本特征

自我国实行三级课程管理制度以来,学校获得了前所未有的课程权力,积极努力建设能更好适应学生全面而个性化发展的课程体系。在此背景下,学校课程实施的内容越来越多元化、复杂化,但是课程实施成果可能优劣不一,甚至存在诸多问题。为了保障课程品质,亟须开展指向学校课程实施的评价。

指向学校课程实施的评价是指基于学校课程实施的真实情境,由多利益相关者共同对学校课程实施进行系统描述和判断,为学校课程实施改进提供决策支持与参考意见。指向学校课程实施的评价旨在发现学校课程实施的优势和成果,激发教师课程实施的积极性;诊断课程实施中的问题,为学校课程实施调整改进提供依据;衡量课程实施质量与成本负担,为课程实施的"停开保改"提供决策支持。因此,厘清指向学校课程实施的评价的基本特征,有助于理解其本质要义,为学校探索并实施课程实施评价提供参考。

(一)评价目的摒弃"唯结果"导向,明晰发展性价值立场

评价的目的是把握价值主体与价值客体之间的价值关系,它制约着价值主体、评价视域和评价标准的确立,因而制约着整个评价活动。

指向学校课程实施的评价目的是以课程的改进和人的发展为旨归，要实现这一目的，亟须摒弃评价目的的"唯结果"导向，明晰发展性的价值立场，这才是课程评价促进学校课程实施的立足点与基石。指向课程实施的评价旨在对学校课程进行"体检"。与"唯结果"导向的课程评价不同，其是指向改进的内需式评价，而不是为了外部课程督导和问责而实施的一次性、行政性和快照式的评价。

第一，指向学校课程实施的评价的出发点与落脚点是课程实施质量的提升及课程主体潜能的最大限度的发挥。课程评价通过识别课程与人的交互活动信息，重视过程，强调信息反馈，旨在促进课程的不断改进和提高，从而超越其对课程的鉴定、选拔或行政控制的意图。课程评价是立足现实、展望未来的评价，不仅重视课程活动的现实表现，也注重课程现象的未来走向。

第二，人作为评价主体，其对价值的甄别是评价得以存在的依据和来源。指向学校课程实施的评价是一种以人为本的评价，发挥师生的主体性，注重师生在课程中的价值生发，始终体现促进学生核心素养发展、促进教师专业发展的课程追求。

第三，协同形成性评价与总结性评价是实现课程评价、促进学校课程实施效益最大化的有力途径。课程实施的成本与效益是学校考虑的重点，对课程实施的总结性评价无法缺席。形成性评价旨在改进与发展，能够激发被评价者的正向积极态度，降低对评价客体的威胁性，为总结性评价开展减少阻碍。总结性评价以总体、全局、外部的视野为形成性评价提供监督与参考，避免形成性评价因内部性而主观化，因无问责而形式化，二者有机结合方能寻求课程评价效能的最大公约数。

（二）评价内容和评价标准"顶天立地"，注重理论引领与基层实践有机结合

评价标准是评价活动的逻辑前提，评价者依据评价标准作出价值客体意义的判定。课程实施评价评什么、评价标准是什么决定了课程评价结果的有效性，因此，指向学校课程实施的评价内容与标准的制定要"顶天立地"，

发挥高位引领与基层实践的双重作用。

"顶天"是指研制学校课程评价的内容和标准要以理论研究和政策要求为基准。首先，开发课程评价内容和评价标准要符合教育教学规律和学生发展规律，课程理论、教学理论、学习理论等为课程评价内容和标准的编制提供了必要依据。其次，课程评价内容的选择和标准的确立要遵循课程评价的基本流程。近年来，教育测量与评价、课程评价的理论与技术得到长足发展，应用先进的评价技术能有效保障课程评价内容和标准的科学性与规范性。最后，课程政策与法规规定了国家和地方对学校课程评价的基本要求，决定了学校课程评价的价值取向与范围。认真研读并分析领悟课程政策与法规对课程评价内容与标准的要求，可以确保学校课程评价内容与标准的合法性、合理性。

"立地"是指课程评价内容与标准的制定要考虑课程实施的情境脉络。不同学校的课程发展阶段不同，课程实施的目标也存在差异，如果以统一的评价内容和标准对课程实施进行"一刀切"，显然失之偏颇。为了使课程的评价内容和标准具有适切性，在研制评价内容与标准时要满足两点要求。一要充分分析课程实施的发展阶段。课程实施可能处于校本课程门类增减的"点状"发展阶段，也可能处于围绕办学特色已经形成的特色课程群的"线状"发展阶段，抑或处于构建了多维联动、整体学校课程体系的"巢状"发展阶段。只有清晰定位课程实施所处的发展阶段，才能明确该阶段课程实施的重点，并以此决定课程评价内容与标准的侧重点。二要充分考虑利益相关者对学校课程评价的需求。不同主体对课程评价的需求不同。学校管理者倾向于了解学校整体的课程生态，以便能够及时调整并促进课程发展；还倾向于了解学生对现有课程的满意度和潜在需求，以便能够制定有学校特色的课程规划并提供符合学生需求的课程。教师更关注自身在课程探索中是否存在错误方向和不当做法，以便能够提高课程设计的科学性和课程实施的有效性。学生则倾向通过评价反思课程对自己学业和人生的意义与价值，有助于明晰自我规划。

需要注意的是,课程评价内容与标准的"顶天"与"立地"不是割裂的,二者的有机结合既是对学校课程实施目标的价值引领,也是学校课程实施的行动指南。

(三)评价过程打破孤立封闭限制,鼓励多元主体的对话、协商及理解

课程评价的孤立封闭与动态开放形成鲜明对比,评价主体的结构单一与多元、评价范式的封闭独白与动态开放,以及评价过程的圈囿定向与可逆延伸是其实然与应然的矛盾所在。课程实施具有系统性与复杂性特征,且利益相关者众多,以单一线性为特征的孤立封闭评价范式已不合时宜。这就需要打破封闭、机械的评估流程,淡化强势评价主体(如管理人员或专家)的绝对话语权,关注弱势评价主体(如教师和学生)对评价方案、评价活动的价值诉求或意愿表达,彰显多元主体的交互性与评价主体实践情境的在场性。

利益相关者深度卷入课程实施评价,珍视多元主体对话协商,达成价值判断的理解共识。第一,课程实施的利益相关者只有意识到自己是课程评价的主体、课程评价相关议题是切身之事,才有与他者对话的意愿。第二,利益相关者对话的展开是基于课程实施的真实情境和真实问题,针对评价对象、内容与方式等各抒己见,最终通过协商解决争议、寻求共识。这一过程中,不同主体基于已有的社会经验与认识,对课程实施中的同一事件可能看法各异,甚至存在分歧。为了达到意见一致,不同主体需要敞开心扉表达想法,并吸收接纳不同意见直至同化调整先前经验,这是一个循环反复的过程。通过持续的对话过程,可以消解矛盾点、达成理解共识,并凭借主体关系的升华与蕴积逐渐形成共生共长的评价共同体。

二、指向学校课程实施的评价:优化策略

指向学校课程实施的评价是根植于学校场域的评价,基于学校、为了学校,具有情境性和互动性。因此,指向学校课程实施的评价落地应以学校为单位,联结内部外部资源,从顶层设计、评估流程、专业保障等方面发力,促进学校课程实施的良性发展。

(一)顶层设计:明晰课程评价方向与制度保障

课程作为一个多类别、多层级、多要素构成的复杂系统,如果仅对某一层级的课程或使用单一方法进行评价则难以反映课程全貌;因此,在设计课程评价方案时应从全局着眼、从宏观思考、从长远入手,关注课程实施的多维性与个体性,即课程评价的顶层设计要遵循系统性、整体性和协同性的设计原则。具体而言:①注重系统性,把不同层级、不同类型、不同主体的学校课程要素一体化思考,既要考虑关联性也要防止相互掣肘,实现整体与部分的功能最大化;②注重整体性,明确课程评价的整体目标,加强对课程多环节、多要素的考查,整体规划、整体推进;③注重协同性,对不同层级、类型的课程评价要衔接适当,遵照课程评价的时间表、路线图,在方案设计、实施与结果应用三个方面形成合力,共同助力课程实施。一般而言,课程评价的总体设计包括制定评价方案、设计与规划改进机制、建立和完善常态化运作机制三个方面。

1. 以促进课程实施为旨归,建构分层、分类的课程评价方案

课程作为多层级、多要素的复杂系统,不同层级的课程交织形成立体的课程体系,横向上涉及不同课程要素的协调,纵向上涉及课程类别与课程层级的整合。与之相应,每一层级的课程又对应不同的课程主体,课程主体的个体性或独特性使其能以不同视角审视课程实施的多维性,即不同课程主体的站位不同,对课程的关照维度和视角就不同,所观测到的课程亦会展现不同的样貌。因此,评价学校课程需要综合考虑不同课程层级的评价目的、评价范围、评价主体和评价方法,并据此设计分层、分类的课程评价方案,关照课程实施的流变性与稳定性。

2. 明晰基于证据的课程实施改进路径

课程评价的核心目的是改进课程,提升课程质量。课程实施涉及众多人力、物力和财力,为了提高课程决策的科学性和有效性,改变单纯依靠经验进行主观决断的课程决策,基于证据的决策是课程决策科学化的重要体现。课程评价结果是课程实施改进证据的重要来源,明晰如何使用课程评价结果

对课程实施具有重要意义。根据循证实践、循证教育的相关经验，可建构基于证据的课程实施改进路径。首先，收集证据并形成持续更新的证据库，如根据课程目标、课程内容、课程实施、课程资源等要素分门别类构建证据库；其次，充分调动各方证据，实现质性数据与量化数据互证，分析原因并针对不同问题的责任主体给予分类反馈；再次，明确课程改进的主体责任，制定改进方案并扎实落实改进行动；最后，检验改进结果，优化和完善改进路径，有效保障课程实施的持续推进。

3. 建立和完善课程评价常态化运行机制

学校课程实施需要课程评价的支持，如课程实施目标是否达成、不同阶段遇到的问题该如何解决、是否需要调整目标等问题，都需要课程评价的介入与引导。由于课程实施具有周期性、常态化特点，为了能够对学校课程实施开展过程性描述，课程评价也应周期性、常态化地伴随课程实施开展。在课程实施之初，通过课程评价可以了解学校课程现状及利益相关者对课程发展的需求，并以此确立课程实施目标与策略；在课程实施过程中，应随时诊断外显、内隐或潜在的课程实施问题，为各阶段课程实施提供必要的反馈信息，有效引导并随时修正课程实施。因此，建立和完善课程评价常态化运行机制，可以保障课程评价改进功能正常发挥，助益学校课程实施。

（二）流程再造：构建指向学校课程实施的评价

闭环指向课程实施的评价是为了诊断和改进课程，这就要树立正确的课程评价观，即指向改进而非问责。要想调动广大师生积极参与学校课程评价，引导其真实表达对课程实施的意见与感受，就需要创设指向课程实施的评价文化。评价文化的建立依托于评价流程的渗透和内化，具体而言，课程实施评价要从完整的评价闭环出发，包括建立多元主体参与的学校课程评价组、形成校本化的课程评价工具、动员全员积极参与数据采集、多角度解读评价报告并形成改进方案等。

其一，多元主体参与的学校课程评价组为课程评价的顺利开展提供专业组织保障。国外有研究表明，学校课程评价组是外部课程评价和内部课程评价的最佳连接方式。学校内部的课程评价者具有熟悉课程发展的情境脉络、与被评价者容易真诚沟通、评估建议易于实施且具有常态性等优势。外部的课程评价者具有客观性较强、有公信力、评价专业素养高、监控性较好等优势。成立学校课程评价组，可以将内部、外部评价有机结合，并寻求评价功能的最大化实现。多元主体共同参与的学校课程评价组一般由校内不同层级的教师和外部评价者共同构成。学校课程评价组是利益相关者的权益在课程评价全流程中得到重视与表达，调动相关主体积极性、主动性的关键。基于不同主体的视角能够为课程实施评价提供多元丰富的实践证据，确保课程评价的专业性和有效开展。

其二，校本化课程评价工具是实现评价育人功能与课程改进功能的直接载体。评价工具反映课程实施的重点，引导课程实施的方向。以课程的设计评价、实施评价、结果评价为闭环关注课程的层级性和人的发展性，适切于学校课程发展的情境脉络，因此需要根据课程实施阶段和课程发展需求开发课程评价工具，并与学校师生沟通协商课程评价工具以期形成共识。

其三，数据采集的真实性是评价结果有效的前提因素。为高效获得真实、客观的评价数据，要充分借力信息技术提升数据收集的真实性和高效性。随着大数据、人工智能的高速发展与内卷，技术与课程评价的深度融合极大地提高了课程评价的效率与精准性；因此，要充分利用技术提升评价方式的先进性，确保评价程序的流畅性。此外，还要依托学校课程评价组的全员动员，由专业人士负责澄清课程评价目的是课程实施，弱化高利害关系，调动学生群体的积极参与，使课程评价成为师生对课程实施表达看法的友好窗口。

其四，要将评价结果切实运用到课程改进中。课程评价从多方面、多角度收集数据并形成分层、分类的课程评价报告，如学校整体层面、学科层面和教师个人层面的报告等。课程实施需要学校全员参与，学校内的各利益相关者要根据课程实施的职责不同获取与自己相关度最高的课程评价报告，同时还要了解其他利益相关者对现有及未来的课程发展有哪些看法和期盼，并综合分析不同主体对同一现象的感知差异，寻求课程改进的突破点。同时，还要从类型不同、繁杂度不同的课程评价数据中识别有效改进课程的信息。大数据背景下，人们很容易获得海量数据，但从海量数据中识别有效信息的能力却较为缺乏。这就要求相关课程评价者要对课程评价信息持有高度敏感性，要深入了解课程实施脉络及学校生态系统背景变量对课程实施的影响，要依赖数据客观描述并超越其浅层含义，了解数据背后深层次的信息价值。也就是说，课程评价者要深度解读课程评价报告，分析课程实施的优势、劣势，厘清问题产生的源头，并制定切实可行的改进方案。

（三）专业支持：积极引入第三方评价

课程实施具有情境性和实践性，其主体应以学校内部为主，这就要求以促进课程实施为目的的评价不应仅局限于外部评价，还应重视学校内部评价的主体地位。然而，学校内部评价者的专业能力有限，他们实际上很难胜任和高效完成评价工作。此外，课程评价的顺利开展还需要评价主体具备专门知能和专业知能，但实践中同时具备这两种知能的评价者非常稀缺。因此，只有将具备两种知能的不同主体有机结合，才能打破壁垒，形成合力，共同实现评价的专业化。近年来，为了提高评价的专业性和客观性，我国大力鼓励第三方评价在教育评价中发挥作用，并为其提供良好的政策支持环境。

第三方评价在理论与实践领域得到积极的研究和探讨。如在理论方面积极探讨第三方评价在教育评价中的定位和实现机制[①]，在实践方面积极探索第三方评价在学校评价中的实践路径及效果，如有第三方通过"学校诊断项目"与数十所中学多年深度合作，为学校评价提供了有力的保障，并取得了很好的成效。因此，引入第三方参与学校课程评价是破解学校内部评价专业性不足的有益尝试。

首先，发挥第三方"促进者朋友"作用，帮助学校提升课程评价的科学性和实效性。最早，有学者给第三方评价定位为"批判性朋友"，即能够提

---

① 丁瑞常．芬兰教育评价中心：社会第三方参与教育评价的新模式[J]．比较教育研究，2017（7）：56-62

出尖锐问题,从另一个视角提供可靠的数据并值得信赖。该定位的评估目的问责性较强,对学校课程发展的指向性较弱,忽视了评估过程及评估参与人员的积极性,对学校支持有限。后续有学者提出,要想更好地发挥第三方评价的促进性,仅有专业技术的支持还不够,还需要在整个评价过程中引领学校内部评价团队的发展并整体推进评价进程。在整合批判性与促进性的基础上,有研究提出"批判性的促进者"(critical facilitator)的第三方评价角色定位。"批判性的促进者"也被翻译为"促进者朋友",以突出其在课程实施评价中的独特角色定位。第一,在价值导向上,第三方评价基于学校自身发展课程的内部需求,评价目的指向发展学校课程,而不是应对外部考核;第二,在评估效能上,第三方评价具有专业的评估技术和工具,以"促进者朋友"身份介入,不仅能规范课程评价工作、提高评价效率,而且还能更好地利用评价提升课程实施的科学性和有效性;第三,在程序方法上,"促进者朋友"始终与学校相伴,具有常态化、周期性、系统性等特征,能够持续、动态监控课程实施状况并及时反馈以帮助课程改进,而不是一次性、外部性、终结性的横断面评价。因此,"促进者朋友"的定位与课程实施评价更加符合,它不同于以往以外部性、强制性、问责性为主要评价目的,而是指向课程发展目的。

其次,作为促进者的第三方职责并不仅限于完成评价工作,还包括帮助学校实现主体评估能力的自生长。授人以鱼不如授人以渔。只有学校主体评价素养提升,才能以更加专业的认识审视课程实施。一方面,国际大型教师监测项目发现,聚焦需求与学以致用是有效专业发展活动的核心特征。学校内部评价者作为评价主体,提升自身评价素养是其迫切需求,而且课程评价作为工具性、实践性很强的专业工作,通过"做中学"的方式也能够让学校内部评价者清晰地知道自己需要何种评价知能。通过参与系统完整的评价工作,学校内部评价者可以在整个评价闭环中与第三方进行专业对话并提升评价素养。在开展课程评价前,第三方通过通识性培训帮助学校内部评价者形成对课程评价基本架构的整体认识;在评价开展过程中,第三方以校本化评价工具修订、数据采集、共同研读评价报告等环节为依托,通过专业对话帮助学校内部评价者理解课程评价，并对其存在的评价困惑给予专业支持。另一方面，第三方可以搭建交流分享平台，以论坛或会议沙龙的形式为不同学校的内部评价者提供交流机会，共同探讨如何开发课程评价工具、如何解读课程评价结果、如何根据评价结果提出改进方案并落实等。不同学校的课程评价在实践中探索出有效的课程评价经验，通过同侪互助相互借鉴有益经验，以集体智慧破解难题，同时还可以将课程评价效果较好的学校经验固化、提炼并广泛传播，形成课程评价共同体。

课程评价本身不是目的，而是达到目的的方法和工具。指向学校课程实施的评价是促进学校成员反省、对话与行动的方法和工具。课程评价不是一件事，而是每位教育工作者专业发展的一部分，是持续鼓励他们以课程评价为依托进行反思性实践，并最终实现促进学生发展的核心目标。如何落实与完善课程实施评价的指标、评价工具、评价流程，也需要在未来的实践中进一步探索、总结和提升。

三、评价对学校课程实施过程的影响

按照经典的泰勒（Tyler R.）原理，课程评价与课程实施分属两个不同的课程要素，评价通常用以判断课程实施的结果，也就是课程目标的达成情况。然而，从现实看，只要在课程实施过程中有评价的存在，评价就会对课程实施发生影响。其实，很多时候评价本身就被当作课程实施的杠杆，只不过，有时美好的愿望未必带来良好的效果，评价可能未必对课程实施产生正面的积极的作用，相反可能导致课程实施发生偏差。评价对课程实施具有强大的反拨作用，因此，如果要考察学校层面课程实施过程的质量，一定不能忽略作为其情境和手段的评价。

（一）评价对课程实施的反拨作用

评价总是会带来后果，这种后果可能体现在对学生的影响上，也可能体现在对教师的影响上，还可能体现在对更广泛的社会领域所产生的影响上。

这里我们不讨论宽泛意义上的评价后果，只关注评价对课程实施所产生

的影响——评价的"反拨作用"(back wash)。"反拨作用"指的是评价对课程教学的反向影响。在传统的课程理论中,评价是用以判断课程实施成效的手段,是课程实施的后续环节。有人将评价看成课程运行和经验中的教学过程的"侍女"。然而,现实中这个"侍女"经常喧宾夺主,抢占"C位",反过来会对课程教学产生巨大的影响——西方教育评价文献中经常将评价尤其是高利害测验称为"本末倒置"(The Tail Wagging the Dog,直译为"尾巴摇动了整只狗"),就是在强调评价对整个课程教学过程的反作用。

要讨论评价对课程实施的影响,首先需要明确什么是课程实施。遗憾的是,课程理论界并没有关于课程实施的公认的界定,相反,对课程实施有多种不同的观点,有些将之视为教学,有些将之视为课程方案的实践,有些将之视为基于师生互动的创生……不过,这并不妨碍我们在不同的课程实施观中审视评价对课程实施的影响。

1. 评价对作为"教学"的课程实施的影响

将课程实施视为教学有它的道理,毕竟无论如何教学都是课程实施的最重要的手段或方式。然而,并非所有的教学都是课程实施,至少不都是正式的课程的实施——只有旨在落实课程的教学才能被称为课程实施。从这个意义上讲,教学教什么、学什么,应该是由课程来决定的——即使这个过程允许"校本化",允许"生成",也必须是以课程作为最重要最根本的依据的。而怎么教、怎么学是受制于教学目标和学习目标的,同样应该以课程为依据。然而,正如马道斯(Madaus G.F.)指出,不是宽泛陈述的课程决定了什么被教和如何教,作为学什么和如何学背后的驱动力是考试,现实中,"教什么、学什么"在很多时候并非由课程决定,而是由评价来决定的。譬如,第八轮基础教育课程改革带来的新课程在许多教师那里被称为"新课标",似乎表明了教师对课程标准的重视。当所实施的评价的利害关系足够高时,教师可能像驾校教练那样,不会教学生或要求学生学习任何考试可能涉及的内容之外的内容。于是,没有高利害评价的学校课程就成了所谓的"副科",有可能在压缩课时时首当其冲,有可能在课程实施过程中的资源分配中被忽略，甚至可能不会出现在学生经验的课程之中；而在那些有高利害评价的科目中，教师可能只关注那些有可能在高利害评价中被评价的目标和内容，至于那些极少出现在以往的高利害评价之中，或者按照通常的高利害评价方式难以被检测的目标，就可能会被忽略甚至完全被放弃。至于如何教或要求学生如何学，那就要看何种教学方式或学习方式对于提高所应对的那种考试的成绩最"高效"了。

2. 评价对作为"课程方案实践"的课程实施的影响

如果将课程实施视为课程方案付诸实践的过程，课程实施就涉及课程层级的转化。课程有诸多层级，若按照古德莱德（Goodlad, J.）的课程层级，课程实施就涉及从正式课程到领悟课程到运作课程再到体验课程的逐级转化。在这个逐级转化过程中，评价在或显或隐地发挥着重要作用。

从我国课程管理现实来看，"正式课程"其实就有多个层级，其中也涉及多级转化。国家允许省级教育行政部门和学校编制自己的课程实施方案——实际上也有不少地市甚至县有自己的课程方案——这样，从教师的视角来看，正式的课程就有多种：国家课程方案、省级课程实施方案、学校课程方案，有些地方还有地市级的课程实施方案。在"正式课程"的内部层级转化中，发生的变化确有根据地方实际情况做的调适，但有些变化的确不属于这种调适。我们在近来对全国 31 个省市自治区义务教育课程实施方案的分析中发现，道德与法治类（品德与生活、品德与社会、思想品德）课时低于国家规定下限的有 14 个省份，体育与健康（含体育）课时低于国家规定下限的有 11 个省份，综合实践活动、地方课程和校本课程有 10 个省份未达国家规定下限。而外语、数学超课时情况比较普遍，超出了国家规定上限的省份分别为 11 个和 10 个。省级义务教育课程实施方案中这样的课时安排，恐怕很难说仅仅是领悟偏差或者巧合，而没有评价设计的影响。学校的课程方案文本看来也许跟上一级的课程方案没有太大差异，但实际落实的课程方案可能是完全不同的另一套东西。学校墙上所挂的课程表与学生文具盒中的课程表之间的差异显然不是"领悟"上的偏差或"运作"能力不足的后果，除了少数学校可能是因为师资或其他资源配置不合理的原因,更多是学校主动选择的结果。而学校之所以做如此选择,基本上可以归因于当前实际运行的评价体系、学校和教师对评价体系的认知,以及评价所带来的利害关系。

其实,评价对课程层级转化的影响并不只限于从正式课程开始的逐级转化。一种课程理想或理想的课程必然包含了对课程目标的预期和设想,对课程目标的预期一定反映课程理想提出者心目中有价值的那些东西,而那些目标必然是他们认为要在课程实施之后要去衡量的东西。只要理想的课程有目标,就一定会包含那些他们认为必须评价的东西——尽管这种评价意识在课程理想形成过程中可能并不那么明显。更何况,课程理念的确立本身就可能受评价的影响,如果经济合作与发展组织(OECD)没有开展基于核心素养框架的 PISA 项目(Program for International Student Assessment,国际学生评估项目),或者 PISA 并不基于核心素养框架,"核心素养"恐怕未必会有如今的热度—可以说,核心素养之所以会成为世界各国课程改革的"风向标、主基调",PISA 是关键的推手。在当今世界各国基于核心素养的课程改革中,这样的例子并不少见:参与 PISA—成绩不理想—引发公众舆论—课程改革。

从理想的课程向正式的课程的转化过程中,评价同样在发挥作用,只不过,此时的评价可能并非事实上实施的评价,而是关于评价的设想。课程要落地,其结果是必然可测,若不可测课程就不能落地。那些必须评价但无法评价,或者因当前条件所限暂时无法评价的东西就很难成为正式课程的目标,就像当前基于核心素养的课程改革一样,能够进入作为课程目标的核心素养体系,不仅可教、可学,还"可评"。

3. 评价对作为"基于师生互动的创生"的课程实施的影响

学校和课堂是课程实施的最重要的场域,一定涉及学校课堂中最重要的主体之间的相互作用。

学校课程实施基于教师、方案、学生三要素的互动,在这种互动中,评价的影响几乎无处不在,评价甚至影响三个要素本身。评价对学校课堂层面的课程方案的影响,不仅发生于学校课堂层面。涉及学校、教师依据评价对课程方案所作的调整,同样可能发生于更高的层面,譬如托比纳等基于两个研究综述,考察了对学生学习的大规模评价(large-scale assessments,LSAs)与教育政策之间的关系,发现LSAs被决策者频繁用来支持课程改革,如智利2009年实施的国家课程改革其实就是为了更好地应对TIMSS,将其全国中小学数学和科学课程与TIMSS国际评价项目中所用的内容标准和方法相匹配;吉尔吉斯斯坦为应答在2006年PISA中较差的表现,提高了对教材分配的资助,并建立了一个新教材竞争性投标程序,以提升教材的质量。教师和学生作为课程实施过程中两个具有能动性的主体,不可能不受施加于他们的评价的影响。

事实上,说到底,评价不会自动对课程实施发生影响,这种影响最终是通过教师和学生的中介作用来实现的。在一个对自己的工作和学生没有最基本的责任心的教师心目中,或者在一个根本不在乎"学校中的成功"的学生心目中,评价有可能会是"浮云"。但置身于一个评价主导的生态系统之中,教师也好,学生也好,恐怕都难以摆脱评价的影响。譬如,教师很难避开评价的影响,巴西教育系统为应对在2000年和2003年PISA中相对较差的表现而开发多个层面的教师专业学习项目;而马其顿则因TIMSS-R1999的结果不理想而改革了教师培训项目,以强调借助于互动、实践活动、摆脱讲授方式的学生导向的教学。而对于学生来说,评价的压力是他们"无法抵抗的",如拉姆斯登(Ramsden,P.)所说,学生之所以采取错误的学习取向,就是"不适当的评价方法对学生施加了无法抵抗的压力"的结果。只要对学校生活有所了解,就不难得出结论:教师如何处理教材,如何对待课程标准?学生如何对待学校生活,如何参与教学过程,如何对待作业?师生如何互动,关系是否紧张?凡此等等无不受评价的影响。

(二)评价在学校课程实施中的角色

无论如何理解课程实施,其最终目的都在于学生的发展。就此而言,尽管课程实施可以发生于多个层面,但学校层面的课程实施是整个课程实施过程的终端环节——其他层面的课程实施都是为学校层面的课程实施服务的。那么，评价在学校课程实施过程中到底扮演什么样的角色？我们认为，评价在学校课程实施过程中既构成学校课程实施的情境，也是学校课程实施的手段，是学校课程实施的重要组成部分。

1. 学校课程实施过程中的两类评价

学校课程实施过程中的评价多种多样，可以从多个视角进行分类。但要讨论评价在课程实施中的角色，基于评价实施主体对评价的分类可能比其他分类更有价值——以评价实施主体为标准来分，学校课程实施过程中的评价可以分为外部评价和内部评价两个大类。

外部评价是指学校之外的组织或机构实施的评价。在基础教育阶段，这类评价包括了高考、中考、会考，以及其他多种以统考、联考、学业质量监测等名目出现的考试。这类评价通常由区域教育行政部门主导实施，如高考、中考、会考、学业质量监测，或由区域内或跨区域的学校联合体来主导实施，如联考。这类评价通常在一个相对完整的教学阶段完成之后实施，而无法在课程实施过程中持续地实施；通常会涉及对学生、学校甚至教师的比较，且可能会附加某种对学生甚至可能是对教师、学校而言非常重要的结果，很可能属于高利害的评价。

内部评价是由学校主要是由教师针对自己的学生实施的评价，也就是通常所称的"课堂评价"。在实践中，课堂评价的具体方式非常多样，包括学校中的期中考试、期末考试，教师自己实施的单元测验、随堂小测验、作业甚至是日常对学生的观察，或与学生的交流；它可以是在特定时间点占用专门的时间实施的比较正式的评价，也可以是镶嵌于教学过程师生互动过程之中的持续的非正式评价。一般而言，这类评价很少会附加对学生的显性的高利害后果。在学校课程实施过程中，这两类评价所扮演的主要角色是存在差异的。一般而言，外部评价在学校课程实施中更多扮演情境的角色，而课堂评价更多作为学校课程实施的手段——尽管它们与具体扮演的角色之间并非一一对应。

2. 评价构成学校课程实施的情境

学校课程实施过程一定发生于特定的背景之中，一定会受到诸多情境性因素的制约。这些因素大到很高层面的课程理念，小到一所学校内部的因素，都会对学校的课程实施发生重要影响。但在构成学校课程实施情境的种种因素中，评价至关重要。

外部评价本质上是教育行政部门作为推进学校课程实施的手段，本意在于提升学校课程实施的质量。对于学校来说，这种评价是一种外来评价，事实上对学校的课程实施过程发生着影响，是学校课程实施过程的重要影响因素，但不属于学校的课程实施手段，尽管有时学校会借用这种评价来影响学校的课程实施。外部评价是学校课程实施情境的一个重要构成成分，至少是学校课程实施情境的重要来源之一。在现代制度化学校教育中，评价是学校教育系统中的一种重要制度，而制度就是课程审议和课程行动所必需的情境。评价制度的设计方式和运行方式为学校课程实施规定了重要的情境。譬如，如果有外部高利害评价存在，学校课程实施的进程就要服从于这种评价安排，保证相关的课程内容在评价实施之前完成；再如，无论在理念上多么强调合作，无论公开课中有多少"合作学习"的成分，只要评价中有排名，教师教学或者学生学习都会更加强调竞争……实际上，只要有评价存在，教与学都必然无法逃脱评价情境的制约，甚至"应试教育"的板子也不能拍到学校、教师头上，有"试"在，"应试"和"应试教育"就不可避免——从某种程度上说，"应试"甚至是学校、教师责任心的体现。

不过，评价作为一种学校课程实施的情境，主要是社会心理意义上的情境，评价与课程实施之间的关系并不是直接的、线性的，相反，它是通过课程实施过程相关主体的认知和感受而发挥作用的，一个测验的性质可能首先影响参与者对其教学和学习任务的认知和态度。这些认知和态度会反过来影响参与者在执行工作（过程）时所做的事，如演练那种将在测验中出现的题型，而这又将会影响学习结果，即产品。

只要有评价存在，教师无法对评价视而不见、无动于衷，他们会感知到并尝试去应对评价,而这种感知和回应会形塑他们的课程行动,正如帕里斯(Paris, C.)所指出的,不管是编制自己的课程,还是对其他人创编、强加的课程作出反应,教师在课程方面的工作都是在他们对感知到的情境作出反应中形成的。

这里将外部评价视为课程实施的情境,主要是从学校层面的课程实施来说的。若放在更大范围的课程实施之中,外部评价也可能扮演情境之外的角色论评价对学校课程实施过程的影响色,有时作为课程实施的手段或者杠杆。譬如,英国1988年教育法案试图削减地方教育当局在课程上的自由裁量权,为此而建立全国性考试系统;我国在21世纪之初建立国家义务教育质量监测系统,目的也就在于推进课程改革。

3. 评价是学校课程实施的重要手段

如果将学校课程实施视为教师、方案、学生三者互动以促进学生学习和发展的过程,那么可以说,评价就是三者互动最常见的方式之一,课堂评价就是学校课程在课堂层面实施的最重要手段之一。

据斯蒂金斯估计,一个教师的专业时间约有一半花在与评价相关的活动上。若被问及专业实践中最重要的工作领域是什么,绝大多数的教师一定会回答是"教学",这不仅仅是教师自己的体认,也可能是所有人的认识。但是,是否存在"无评价的教学"?答案一定是否定的。事实上,教师日常实践中有大量的工作时间用于评价以及与评价相关的工作,除去课内时间,占用教师课余时间最多的恐怕就是批改作业了;更何况,大大小小的考试会占用不少课内时间,课堂教学过程中也在实施着种种不同形式的评价。从学生角度讲,现实中课余时间基本上就等同于作业时间,"洛阳亲友如相问,就说我在写作业",甚至可以说,学生做作业就是他们与方案甚至教师互动最真实的方式;更何况,在课内,学生也无时无刻不在接受着评价。若从师生日常互动来说,撇开学习内容,考试与评价一定是互动最主要的话题,至少是最主要的话题之一:教师会用考试或评价来激励学生,会向学生提供考试与评价反馈。

现实中评价就被当作学校课程实施的重要手段，只不过，从理想来说，当前课堂评价在促进学校课程实施上的潜力还没有得到充分的发挥。如果课堂评价能够在教学过程中持续实施，如果这种评价能够收集到学生达成目标状况的充分准确的信息，如果这些信息能被用于支持教师自己的教学决策和学生的学习决策，那么课堂评价才有可能真正成为推动学校课程实施的强有力手段。

当然，若从社会心理角度来解读情境，那么创造"情境"的就不限于外部评价了，实际上教师的课堂评价同样创造一种情境，"教师的课堂有一种源于教师的一般评价方法的评价'品性'或环境"。如布鲁克哈特（Brookhart, S.M.）所说，从学生的视角来看，课堂评价信息不仅是关于他自己的，相反它构成了其学习生活的主要部分，成为他期望学习的课业、与教师和学科的关系，以及与同伴的关系的一部分。

（三）评价影响学校课程实施的分析框架

我们总是期望评价能够产生我们期望的效果，不希望它带来非预期的尤其是消极的后果。在课程实施上，我们期望评价能够成为促进课程实施进而提升课程实施过程质量的杠杆，不希望它成为课程实施的障碍或者瓶颈。然而，评价到底如何影响课程实施？这种影响到底受哪些因素制约？也许制约因素多种多样，这里尝试将评价本身的属性与其产生的影响维度联结起来，尝试建构一个分析框架。

1. 影响的维度

评价对课程实施所产生的影响可能会多种多样，有时影响巨大，有时影响微弱；有时影响恰恰是我们期望的，有时影响完全偏离了我们的初衷。对于评价所产生的影响，我们到底可以从哪些维度去分析？渡边（Watanabe, Y.）在讨论评价的反拨作用时提出的分析框架很有启发。渡边从五个维度描述了评价的反拨作用：反拨专门性（Reverse Specificity）、反拨强度（Reverse pull sterength）、反拨时长（Reverse pull time）、反拨意图（Reverse intention）和反拨价值（Reverse Value）。所谓反拨专门性，指的是反拨作用属于一种所有测验都会产生的效果,还是特定测验或测验的特定方面才会产生的效果;强度是指测验对教与学的影响程度强弱;时长是指反拨作用持续的时间;意图是指反拨作用是所期望的还是意料之外的;价值是指反拨作用是积极的还是消极的。

宽泛地说,反拨专门性、强度、时长大致上可以归为一大类,与评价对教学或课程实施的影响大小有关;而意图维度与价值维度可以整合成"影响的方向",也就是评价对课程实施的影响是正面的还是负面的。一般情况,意图维度和价值维度本来是高度关联的,所谓积极的影响大多就是导致了预期的效果,而消极的影响基本上就是预期之外的效果——尽管预期之外的效果未必就是消极的。

2. 评价的属性

那到底什么在影响着评价对课程实施的影响的方向和大小?一定有评价之外的因素,譬如社会对教育的关注程度,但肯定与评价本身直接相关。而在与评价相关的属性中,有两个因素至关重要:评价的利害关系与评价的课程效度。

(1)评价的利害关系

有时评价会赋予课程实施过程相关主体以某种利害关系,譬如,中考高考会决定学生的升学,会导致教育行政部门对学校的褒奖或问责。这种利害关系有时是直接的,会赋予相关主体某种直接后果;有时是间接的,不会带来直接的后果,但可能影响后续获得的机会。有时是显性的,通常是外部赋予的,如升学机会、奖惩;有时是隐性的,通常体现在利害关系人的内心变化,如自我效能感的提升或降低。有时是公认的,即有可客观衡量的利害,譬如毕业与否;有些则是个人化的,不同主体对利害的认知可能不同,譬如成绩排名靠后,有些学生可能完全无所谓,有些学生则可能将之视为耻辱。但无论如何,评价的利害关系有高低之分,也就是说,评价赋予相关主体的后果对这些主体的重要性程度有高低之分——尽管间接的、隐性的利害未必就是低利害,个人化的利害也未必就是低利害。

（2）评价的课程效度

课程效度即指一个评价反映课程目标的程度，也就是评价目标与课程目标的匹配程度，其核心在于评价所评的学习目标对课程目标的代表性。在以往基于心理测量学的教育评价中，课程效度并不是一个主流观念，但在如今促进学习的评价理念之下，评价的课程效度已在我们当前的评价理念中有了较为普遍的反映，譬如"基于课程标准的评价""教学评一致性"等。可是，从现实中看，评价与课程不匹配的情况还是普遍存在的，如评价对课程目标的代表性偏差，也就是所评与课程目标要求无关；又如对课程目标的代表性不足，也就是所评只反映部分课程目标。如果评价不能与课程匹配，不能代表教师所教和学生所学的课程，而经常涉及课程目标之外的那些内容，将可能对课程实施产生何种影响？

第三节　学校课程保障

一、课程管理落地：落实课程实施保障机制

学校作为课程实施的责任主体，必须健全校内课程管理机制，需要在组织架构、师资培训、硬件支持、管理制度等方面加大对课程实施的保障力度，也需要在教师培训、教科研、校本教研等方面进一步聚焦课程实施，为课程实施保驾护航。

（一）制度建设方面

学校课程制度是学校按照一定的教育价值观研制的，为落实课程计划、研制课程规划、促进课程实施、推进课程管理和评价的所有成员必须共同遵守的一系列行为规范和准则。能否将价值追求转化为制度要求，能否把亮点经验转化为制度做法，能否把问题解决转化为制度常态，这些都是学校课程变革是否取得成功的标志。

1.学校课程制度的特征

笔者认为，学校课程制度内蕴价值，导引实践，凸显程序，富有弹性。换言之，学校课程制度是为学校课程的开发和实施提供价值引领与行为索引，为学校课程变革提供价值辩护、程序说明、技术规范以及改进提升的工具。在过程哲学意义上，学校课程制度具有教育性、价值性、策略性、规约性和反思性等基本特征。明确了学校课程制度的这些特征，我们也就知晓了以制度管理推进学校课程变革的要旨。

（1）课程制度的教育性

制度具有教育性，制度本身具有教育意义，但是制度的教育影响一直不被关注。很多时候，人们关注的主题是课程功能的优化、课程目标的设计、课程内容的组织、课程开发的模式、课程实施的取向、课程评价的技术等。

因而在具体课程探究策略上,主要表现为理性设计、系统调控、行动研究。

(2)课程制度的价值性

课程制度是共享的价值规范,具有价值指引的功能和属性。学校课程哲学是课程制度的价值宣示,特别是其中的课程理念和课程目标,它们都是内隐在课程制度中的核心要素。学校课程哲学所张扬的价值观对课程制度的价值伸张具有决定意义,课程制度的设计离不开学校课程哲学的价值导引。没有学校课程哲学的理念支持和价值导引,学校课程制度将只是"规训与惩罚",很难唤醒教师的课程意识,很难确立教师的课程自觉。在课程制度建构与设计过程中,遵循课程制度的价值性原则,首先就要深刻理解学校课程的育人属性,把握学校课程的价值与功能,形成具有高扬时代精神和宣示立德树人立场的课程理念,并将这一理念蕴含在学校课程实施的基本规范中。同时,要完整地把握学校育人目标的"全面发展"内涵,以此为指导精准厘定学校课程目标,明确学校课程对学生核心素养发展的整体要求,基于目标引领提出符合育人要求的学校课程开发的指导性意见,为育人目标的实现提供制度支撑。

(3)课程制度的策略性

课程制度是在学校教育价值观指引下的一种思考、选择和行动规范,是我们面对课程变革"如何思考、如何选择、如何行动"的策略性知识。

首先,学校课程制度是关于如何思考的策略性知识,思考的焦点在于整体领会学校课程哲学的价值核心,把握实现学校育人目标的课程模式设计要义和整体行动策略。

其次,学校课程制度是关于如何选择的策略性知识,选择的艺术在于把握学校课程实施的合规律性与合目的性的统一。合规律性是指准确把握人的成长自然规律和课程发展客观规律,使课程开发行动自觉遵循这些规律的要求。合目的性是指基于上述规律,通过课程制度的建构,很好地实现学校教育价值追求和育人目标图景。通过课程开发实践,引导教师理解学生成长的基本规律,把握学科课程和活动课程的基本规律,将核心素养发展的美好诉求融入学校课程变革实践。

最后,学校课程制度是关于如何行动的策略性知识,行动的智慧在于抓实抓细课程实施,不断改进、提升课程品质。学校课程制度是一套具有价值指引性和行为规定性有机结合的、如何推进课程开发与实施的行为细则,应体现课程制度的策略性和实践性,它不是泛泛而谈、大而化之的课程实施准则,课程制度的建构和设计应充分体现课程开发行为的细节实在性和现实操作性,具有校本化的实践智慧属性,是课程研究成果的实践转化和课程变革经验的制度提升。

2.学校课程制度包含的规范和约定

学校如何进行课程决策、课程开发以及课程管理,需要有一套行为规范和程序约定,以保证学校课程实施有章可循。因此,学校课程制度应包含三个方面的规范和约定。

(1)学校课程规划与决策的规约

课程规划是课程决策的重要载体,是学校课程领导团队根据学校的历史与现实,基于特定语境确定学校课程哲学、课程目标、课程框架、课程实施、课程评价和管理的过程和结果。学校如何以立德树人为根本,优化课程模式,研制课程规划,推进课程决策,需要在学校课程制度中明确有关人员构成及其工作职责和行为程序。

(2)学校课程开发与实施的规约

课程开发是根据实际对课程作出设计、实施、调整与改变的过程,它强调行动与过程,涉及学术性课程与非学术性课程、必修课程与选修课程、学科课程与活动课程诸关系的处理,应该有可操作性的程序规约;从具体活动方式来看,课程开发可以分为课程选择、课程改编、课程整合、课程补充、课程拓展和课程新编等类型,专业性很强,在队伍组成、需求分析、目标拟定、方案设计、实施考量、评价设计等要素和环节上,课程制度设计应该有明确的程序规约。

(3)学校课程管理与评价的规约

课程管理的目的在于规范课程开发行为,提升课程实践品质。学校通过课程制度建立起课程质量标准、课程认证程序、课程实施质量以及学生学业成就监控等一整套管理规范，推进课程变革的有序开展。

（4）课程制度的规约性

学校课程制度是一套课程实施的规范和约定，是关于"怎么办"的程序性知识，具有鲜明的规约性。学校是课程管理的主体，是课程决策的机构，是课程权力的行使单元。

（5）课程制度的反思性

课程制度作为一种价值追求与行为规约，体现在学校课程变革实践过程中。然而，课程制度不是一成不变的，它可以根据实际情况重构，具有可改变性；也可以根据实际情况调整，具有实践弹性。因此，在某种意义上，课程制度具有较强的反思性。从课程制度的主体看，任何课程制度的建构和运行都离不开课程实践者，课程实践者的反思精神夯实了课程制度变革的微观基础。从课程制度的动力来源看，课程制度建构的初始动力来源于课程开发的价值追求与现实情境的矛盾，课程制度正是在需求与供给的矛盾运动之中酝酿、生成、反思和调整的。

第一，现实情境变化对已有课程制度的有效性或合法性形成压力，课程制度的要素冲突、价值碰撞、执行不力等为课程制度变革埋下了种子。很明显，现实情境与课程制度的互动，体现了课程制度与课程实践者的反思性。

第二，课程实践者可能由于已有课程制度的缺陷、课程制度不能满足育人价值追求等原因而产生课程制度调整的动机，推动需求主导的课程制度变革。此时，其他学校的课程制度做法以及课程理论研究的进步都有可能提供制度的预先供给，都可以通过需求刺激推动课程制度变革。当然，课程制度在受到变革压力的同时，还可能面临一系列变革阻力，进而加剧课程制度的惰性。

第三，课程制度变革受到课程实践观念的影响。我们常见的是，主导性观念的失败催生了对新观念的需求，替代性观念的供给催生新的课程制度的诞生。这本质上是认知性反思在课程制度选择、生成过程中的作用。

第四，课程制度变革还受到制度间关系的影响，如不同类型的制度与学校课程制度相互作用，进而影响学校课程制度变革。

总之，课程制度在学校课程变革过程中扮演重要角色，课程制度具有规范与引导、规约与警示、教化与建构、适应与反思等功能，是隐性课程的有机组成部分。当然，学校课程制度作为一种规约，它总是以集体观念的形式存在，其价值必须在制度管理中才能显现，否则它就是一张白纸。制度管理的核心在于把握学校课程制度的特征，扩展课程制度的执行张力。因此，要很好地发挥学校课程制度的价值，就要合理地研究与建构学校课程制度，按照过程哲学的要旨，积极推动制度管理，激活课程制度的内在能量，引导个人和团队通过价值调适趋向课程制度目标，培育课程制度意识并形成课程制度思维。

（二）系统培训方面

要加强对国家义务教育课程方案、课程标准，以及省级课程实施办法的学习与研究，主动更新课程观念。要积极开展针对全体教师的校级培训，进一步明晰课程目标，规划课程实施，厘清课程设置变化。要有效引导教师对现有教材与新课程标准的关联进行梳理和研究，做到落实好新课程标准，用好现有教材。

（三）校本教科研方面

要及时面向全体教师开展课程相关的教科研和校本教研，着力提升教师的课程意识和校本课程开发能力。

在校本教科研中，教师可以通过对自己教育、教学行为的直接或间接的观察与反思，通过与其他教师或专业研究人员的合作，不断加深对自己教育教学实践的理解，并在这种理解的基础上提高和完善自己以及所从事的教育实践；教师更可以通过反思不断发现实践中存在的问题，完善解决问题的办法与计划，并在实践中验证，使自己的实践行为不断完善。

二、课内课后落地：注重课堂内外统筹育人

国家课程方案要求"各地各校要统筹课内外学习安排"，鼓励在课内课

程和课后服务协同等方面进行探索。课内课程注重学科学习，课后服务注重体育锻炼、艺术活动、科学探究等，两者的教育内容、教育对象、实施方式有所不同，课后服务时间不计入新授课学时，但课堂内外的教育目的都指向学生的全面发展。

此外，学校应加强课内课程和课后服务的一体化设计与统筹实施，注重其目标、定位、对象、内容、实施方法、评价、保障等方面的管理与协同，促进学生全面发展的达成。艺术、体育、劳动等课程的开展需要长时间的练习和磨合，课内课程学习时长有限，课后服务时间的统筹使用可以使学生有更充足的时间参与实践，达到实践育人的目的。

新时代建设高质量教育体系为学校课程改革赋予了新的使命，学校应重点在课程使命、课程愿景、课程理念、课程设置、课程实施、课程评价、课程管理等方面进行积极有益的实践探索。相信有了学校课程实施方案的扎实落地，立德树人根本任务、培养学生德智体美劳全面发展、践行社会主义核心价值观、全面深化课程改革等总体要求，必将得到更加坚实的回应和有效达成。

第三章 基于育人目标的学校课程体系建设

第一节 学校教育思想和育人目标的确立

21世纪是知识经济时代,是知识创新和应用的爆发时代,随着科技的发展与进步,世界各国的竞争和联系日益密切,在数字化信息时代和经济全球化时代,确定一个国家和民族前途命运的关键在于创新与实践能力。所以21世纪同样是教育与学习为主导的变革时代。在新课改时代背景下,对教学过程进行深化改革,建立科学完善的教育体系,进一步促进素质教育实践工作的开展具有重要意义。

一、学校教育思想的确立

(一)坚持"开放办学"的核心办学理念

1.办学理念概述

学校领导所提倡的教育理念和办学理念对课程改革起到非常关键的指导作用。苏霍姆林斯基在其研究中曾认为:管理和领导学校的关键在于思想上的领导,其次才是行政管理和领导。其还认为作为一名合格的领导必须具有一定的思想领导能力。由此可见,一名校长最核心的价值在于教育思想的领导。

所谓理念是一种相对抽象的概念,是人们在长期实践过程中形成的思想观念、精神信仰、理想追求和哲学价值观等内容。而教育思想指的是教育工作者在长期教育实践过程中对教育产生的主观认知。教育思想对理想教育的价值取向、价值倾向的追求产生一定的影响。而办学理念则是教育思想的重要组成部分,即校长想要将学校办成什么样子或者是如何才能将学校办好,是一种深层次的教育思考。从某种程度来说,办学理念是一所学校生存和发展的根本所在。从内容结构来看,办学理念包括教育理念、教师理念、管理理念等多个方面内容。从结构来看,办学理念包括办学目标、办学特色以及工作思路等内容。办学理念的功能主要体现在三个方面，即为什么、做什么和怎么做。这三个问题的答案决定了学校会办成什么样子，会发展到什么高度。

2. 开放办学理念

学校发挥统领作用的主要办学理念是开放办学，这是相对以前封闭式办学而言的，旨在借助于弹性和开放以及自主的办学模式，全面推动学生健康成长，对学生之间的差异持尊重的态度，是一种有利于促进学生个性发展的办学机制。

开放不仅是一种战略，也体现了一定的胸襟，中国教育的演变历史，是由封闭慢慢向开放过渡的一个过程。遵循开放办学这一思想，不仅彰显了当前学校扩充发展空间、调动办学活力和达到育人目的的战略，也展现了学校兼容并包的态度。

这是一个针对传统办学模式的常见议题，民众认为开放办学的意思就是走出门、请进来，以及与外部保持密切沟通等。实际上，这些仅仅是开放办学的一些形式，在现阶段基础教育慢慢向信息化发展的态势下，我们应当在立德树人理念的引导下，通过深层次的认知明确其核心内涵，从而为学校的办学实践奠定基础。

从上文的分析可知，教育的本质就是指引学生日趋开放，由认知自己慢慢转向认识自然、他人以及客观世界。推行开放办学的教育理念，不仅体现了教育的创新，还充分体现了一种教育的回归。

学校推行开放办学活动之后，由刚开始的开放课堂，发展到"创客教育"，学校这方面的理念与实践不断完善，因此，开放办学的可行性、统领性、引领性不断提升。

（二）深化"自主发展，快乐成长"的办学理念

1. "自主发展，快乐成长"办学理念概述

"自主发展，快乐成长"的办学理念，其最终目标就是促进学生健康成长、全面发展；学生发展与成长的基本途径是自主，其生存状态则是快

乐。该办学理念其实是校本化展现培养学生核心素养的教育思想，彰显了立德树人的思想理念与强烈的社会责任感，也是推行素质教育的一种深入尝试。

"自主发展，快乐成长"的办学理念在一定程度上彰显了教育的人文精神，即通过教育实现快乐成长与自主发展的协调统一。快乐的形式很多，但是还需与学校的发展目标相匹配，让学生与教师在完成自身理想追求的同时具有快乐的感受，而不是单纯地想要快乐。

换言之，就是需要教师培养学生自我控制的习惯与认识自我的意识、积极进取的志向，让其具有自主精神；让学生拥有学会学习与做人以及学会生存的能力，了解并掌握探究学习、合作学习等自主学习模式；掌握自主选择的方法，进行自主发展，参与自主发展的实践；对学生的创新精神与自主人格进行培养，为其自我实现夯筑良好基石。

学校需全面实施这一理念：实施自主发展的学校就是最优秀的学校，自主发展的学生以及自主发展的教师就是最好的学生与教师。

2. 践行"自主发展，快乐成长"办学理念的措施

践行"自主发展，快乐成长"办学理念，可采取如下措施：第一，对学生自主学习的能力进行提升，借助移动自主学堂的建立，使学生知晓自主学习的方式与作用，对其学习行为进行规制，掌握基于问题的学习、基于任务的学习以及以项目为主的学习等深度学习法。第二，让学生掌握时间管理的方法，合理利用时间，将非正式学习与正式学习整合成特定的整体。第三，为学生预留相应的空间与时间，让其通过自主实践，积极进行研究、尝试与感悟，为培养优秀的创新人才提供适宜、良好的环境。第四，对学生的信息化素养进行提升，让其快速适应数字化环境，能够在这样的环境下自主学习，借助网络进行自主学习与摸索，从而不断优化综合素养。第五，学校应当设置各类校本课程，让每一位学生通过课程的学习不断发展。第六，学校应当构建各种展示平台，比如，科技节、TEDx深圳、社团活动、创客空间以及微电影节等，从而为学生的快乐成长与自主发展提供可靠助力。

（三）制定"信息化、国际化、自主化"的发展战略

1. 信息化

"信息化"和面向现代化相对应，自主化与面向未来相对应，国际化与面向世界相对应。将来教育发展的趋势就是这三个面向。

基于数字化学习环境的移动来开发设计出自主学堂，有利于"四课型渐进式自主学堂"的教学形态的成型，这改变了学生原有的学习模式与教师的教学，促使课堂教学不断转型升级；网络学习空间人人通这一项目为非正式学习和正式学习、深度学习和拓展学习的推行带来了有效支撑；构建了未来教师等数字化环境的教室；实施生涯教育和创客教育，有助于增强学生的实践能力与创新能力。

2. 国际化

学校可设立国际部，展开国际交流与互动，实施国际理解教育，同时，与国外学校达成合作关系，从而为学生视野的开阔创造良好条件。

3. 自主化

学校需根据学生主体地位以及终身发展，通过课程教学，逐步培养学生的自主学习能力，并对相关教学改革进行研究。通过快乐成长与自主发展的教育思想，设立学生社团，为学生管乐团的发展创建了舞台，使 TEDx 深圳的影响力越来越大，让创客和校园足球等变成学生展开自主发展的独特平台。

（四）构建"勤"为中心的学校文化

学校的珍贵文化之一是"勤"文化，该文化体现了学校与众不同的品质。"勤"代表了勤勉的态度，是殚精竭虑、不辞劳苦的事业心，是尽忠职守、勤奋工作的职业品质，也是认真负责、勤于政事的公仆精神。其不仅体现了良好的"德"，还是绩的首要条件，能的根源是"勤"。"勤"彰显了学校的重要文化，领导干部需勤奋工作，教师应辛勤耕耘、培育祖国花朵，学生应当勤奋学习、不断提升自我。勤文化主要强调的是奋发图强、自立自强，以及不遗余力地呕心沥血。

建立卓越的功勋是因为有伟大的志向，要成就大事，前提是要足够勤奋，"功崇惟志，业广惟勤"，这是《尚书·周书》中的话语。习近平总书记在2013年3月召开的全国人大一次会议闭幕会中指出"功崇惟志，业广惟勤"，我国现在依旧处在社会主义初级阶段，实现中华民族伟大复兴梦，满足人民日益增长的对美好生活的需求，是一个长期的过程，还需要不断努力，有远大志向的人应以此为目标，并为之不断奋斗。习近平总书记的讲话，完美阐述了勤文化的内涵和价值。提升综合国力，国家富强、民族振兴需要勤，实现教育目标也离不开勤文化，学校的繁荣发展同样需要依赖"勤"。

2017年，国家主席习近平在新年致辞中说道："上下同欲者胜，只要我们13亿多人民和衷共济，只要我们党永远同人民站在一起，大家撸起袖子加油干，我们就一定能够走好我们这一代人的长征路。"习近平的讲话生动阐述了勤文化"不怕艰难险阻、同心同德"这两个要素，换言之，就是"上下同欲"以及并肩齐行、团结一致。其中，勤文化的一致目标、团队意识以及愿景意识就是"上下同欲"。由于勤文化是一种特定的文化现象，指的是组织性、社会性的文化，一致的目标理想与良好的向心力是构建良性文化的前提与基础，所以，上下同欲是勤文化的要素。不惧艰辛加油干是指勤文化中的勤勉意识、实干精神，是勤文化的另一个关键要素。这些重要元素之间的联系可以通过想与做进行总结，也就是：不仅要有统一的理念，还需有统一的实践与行动。这就像车的车轮和马的前后腿之间一样，需步调一致，具有共同的信念。没有"想"的行动如同没有眼睛的马一样，是没有目标的勤，是无效的勤，而没有"做"的想，则是虚无的勤，是有缺憾的勤。

学校的"勤"文化强调的是不能浅尝辄止、好高骛远、急于求成和纸上谈兵，舍弃复制式做事、快餐式学习，防止变成金玉其外败絮其中、基础不稳固作风不扎实的人。

学校组织实施规范的教育活动，让其变成学生与教师的行为形式，通过多角度构建勤文化，大力发扬勤文化精神，从而让教师与学生具有勤奋的意识,让勤成为他们的座右铭。

学校的做法如下:第一,营造和谐的勤文化环境。可以在学校设置相应的浮雕体现"勤"文化,通过LED屏幕展示该文化内涵,在会议室等处打造良好的文化环境。第二,致力于实现"勤"文化目标。学校领导应当作好模范带头作用,勤服务、勤学习、勤调研,勇于创新;教师应以勤创造、及时反思、积极学习等为目标,不断提升自己的创新能力;学生需勤创造、勤劳动、勤奋学习、勤分析问题,做一名有创新意识的学生。第三,贯彻良好的勤文化精神。学校对育人目标进行了细分,认为其主要包括有为、健康与博爱,其中,师生与学校应有的作为是有为,通过勤文化的指引,在实施勤文化时,坚信学生与教师都会做出一番事业来的。

(五)塑造"健康、博爱、有为"的学生形象

1. 核心素养概述

学校的价值理念与教育思想通过自身的育人目标得到了展现,塑造学生的形象,从侧面验证了学校发展的这一目标,主要是通过学生的核心能力以及主要素质来系统地、操作性地剖析学校的育人目标,同时体现了对该目标的深层次探索与分析。人们将博爱和健康以及有作为的学生形象和学生发展核心素养放在一起加以对比与研究,发现这一形象包含了核心素养相关内容,是特色化阐述了学生的核心素养,也是对核心素养展开的全面总结。

我国学生的核心素养主要包括这些方面:

(1)文化基础

人类存在的灵魂是文化。文化根基旨在要求人应当获得科学与人文等方面的能力与理论,了解并灵活应用人们获得的智慧结晶,陶冶人们的情操,积极追求人类的优良品质,成长为有崇高精神品质且文化根基深厚的优秀人才。

①人文底蕴。指的是学习者在认知、应用人文相关技能与知识等领域树立的价值观与情感态度,以及形成的相应能力。主要涉及审美情趣与人文积淀等内容。

②科学精神。是指学习者在认知与应用科学技能与理论知识等层面构建的思维模式与价值理念等。基本要点包括积极探索、理性思维以及质疑的意识等。

（2）自主发展

人是特殊的主体，其基本属性就是自主性。自主发展，主要表现在能够合理管理自身的生活与工作、学习，了解并挖掘自我潜能以及自身价值，快速适应不断变幻的环境，在特定领域做出突出贡献，成长为有良好生活品质、有人生追求的合格人才。

①学会学习。指的是学习者在学习进程、学习意识构建与应用学习方法等层面的基本表现。主要要点包括信息意识和自主学习以及及时反思等。

②健康生活。主要体现在学生规划人生、了解自己和身心发展等层面。核心要点有自我管理、珍惜生命和不断完善人格等。

（3）社会参与

人的根本属性是社会性。社会参与，关键是能够妥善处理自己和社会之间的关系，理解并遵守公民应当践行的行为规范与相关原则，有责任心，不断增强自身的动手能力与创新意识，为个人价值的呈现提供一定的助力，促进社会稳步、健康发展，成长为有社会责任感、有理想追求的人才。

①责任担当。是指学习者在应对与世界、国家等关系的过程中养成的行为习惯、情感态度等。主要包括国际理解以及社会责任等内容。

②实践创新。指的是学生在面对挑战和相关活动等领域产生的创新意识与实践能力等。主要涉及技术应用和劳动意识等内容。

2. 基本定义

健康主要强调的是身心健康和情感、智力以及意志等的健康。最基本的素养就是健康。

"博爱"是指境界和品质，以及胸襟与能力。博爱的根基是爱人，包括爱生命、爱集体、爱人民、热爱周围的自然环境，喜爱文明进步和所有美好的事物。博爱是基于健康而构建的。

有担当、自强自信、积极奋斗，这是"有为"的主要内涵。其逻辑内涵表现在："有为"的技能与经验等；有为的意志和理念；相关行动目标需具有相应层次，即：有所作为的人、有突出作为的人，最后发展到有能力改变世界。基于博爱与健康形成"有为"，凸显了社会参与的品质。

3. 与核心素养的关联

（1）"健康"的内涵及其与"自主发展"的联系

第一，"健康"的内涵。对于任何一个人，健康都占据着重要的地位，健康不仅包括身体的健康，还涉及道德与心理等层面的健康。

世界卫生组织认为，健康不仅指的是身体未出现任何病变，还包括有良好的适应能力与精神层面的健康。进入新时代，人类的健康主要有环境健康、身体健康、智力健康以及心理健康等。人拥有的基本权利是健康，这也是人生的珍贵财富。

第三届国际心理卫生大会是这样界定心理健康的，即：①人的心理活动没有异常，换言之，就是情感协调，可以良好地处理人际关系；②智力没有问题；③人格完整；④心理特征与年龄特征相匹配；⑤意志良好；⑥能够与社会协调发展；⑦可以全面展现自己的能力和潜力；能够满足社会环境、日常生活等的发展需求。

综上所述，身心健康、意志健康，人格、智力以及情感等的健康，这就是健康的内涵。

第二，"健康"和"自主发展"的联系。健康生活以及学会生活这些核心素养都属于自主发展素养。健康生活是自主发展的主要素养。

自主发展就是学生基于不断的自我教育，从而形成的发展，能够全面体现学生的创造性与独立性等，形成积极接受教育的意愿，获得全方位的、系统的、主动的发展，从而为学生的健康发展夯筑基石。

学校教育应当坚信，学习者有自我发展、不断完善自身、积极发展的期待与心愿，指引他们不断调整自我，对自身有客观、科学的认知，激发其主观能动性，深入挖掘其潜能，推动其进行自我教育与管理，对其自我服务能力进行培养。

健康和自我发展的联系非常紧密。健康心理与健康躯体，是自主发展的关键要素，了解自我和发展自我以及不断完善自己，这是健康心理的主要问题。

（2）"博爱"的内涵及其与"文化基础"的联系

①"博爱"的内涵

博爱是基于健康而形成的，博爱是能力与胸襟，也是境界与人品。博爱的前提是爱人，主要涵盖爱周围的自然环境、爱人民、爱集体、爱文明进步、爱生命、爱劳动创造，以及热爱全部有价值、有意义的事物。

因此可以说，博爱是高尚的爱。

②"博爱"与"文化基础"的联系

博爱的能力与品质并非天生就有，需要通过文化的学习来获得；而学习者的文化基本素养有着明显的价值倾向，即博爱的崇高精神。

让"博爱"与"文化基础"这两者实现协调统一，应通过"培养什么人才"和"如何培养人才"等内容来进行分析，通过不断的实践，将人文教育和科技教育进行统一，对他们的博爱的责任和情怀进行培育，进而让学生的人文精神与科学精神达到统一。

（3）"有为"的内涵及其与"社会参与"的联系

①"有为"的内涵

有为是基于博爱与健康进行的行为体现，要求具有社会参与的品质，这与中华文化的主动入世的理念相匹配。有责任心、自立自强和积极奋斗是其基本内涵。

②"有为"与"社会参与"的关联

"社会参与"主要包含实践创新和责任担当这些重要素养，还涉及如下基本要点：劳动意识、技术使用、社会责任和国际认知以及社会责任等。其中，责任担当与有为的担当及进取意识相对应，实践创新则与有为的本领和技能相对应。有为和社会参与具有相同的内涵。这二者互相影响、相互作用，全面说明了社会参与这一素养的内涵。

青年一代应当承担起新时代中华民族实现伟大复兴的光荣使命，通过理性看待科学理论、合理认知历史规律，准确掌握我国基本国情，树立远大理想目标，在中国共产党的引领下，坚定不移地发展中国特色社会主义，积极践行我国核心价值观，积极提升自我，成长为国家的栋梁之才。

二、学校育人目标：培养全面而有个性的创新人才

学校开展教育工作的目的在于完成立德树人的教育目标，从而实现学校的教育价值和理想追求，并对学校的办学思想体系产生一定的指导作用。

（一）育人目标的确立

学校确定育人目标是一个长期发展的过程，具有一定的发展性和时代性特点。学校与国家制定的育人目标存在一定的相似和不同之处。

1. 国家层面的育人目标

从国家的层面来看，育人的目标是培养合格的社会主义建设者和接班人，确保学生德智体美劳全面健康发展。这一理论依据出自习近平主席在2018年主持召开的全国教育大会上的讲话内容以及《国务院办公厅关于新时代推进普通高中育人方式改革的指导意见》，这两大文件确定了我国教育的基本目标在于培养社会主义建设者和接班人，促进学生德智体美劳全面健康的发展。

2. 学校层面的育人目标

从学校的角度来看，其育人目标包含了国家育人目标的意蕴和内涵，在其基础上新增了个性化发展和培养创新人才两个方面的内容。学校育人目标的特点是学校对育人目标的定位标准要超出了国家规定的普通标准，这与学校作为区域龙头学校和"大湾区""先行示范区"对学校多样化发展示范学校办学理念是非常契合的。能够有效突显学校特色的办学理念和办学特色，与新时代中国特色社会主义教育发展方向是相吻合的，即面向世界与未来进行现代化教育改革，培养社会主义建设者和接班人，确保学生德智体美劳全面

健康发展。

学校的育人目标以培养创新型人才为主，重视学生的个性化发展，全面发展指的是学生德智体美劳全面发展，个性化发展指的是学生根据自己的兴趣爱好、行为习惯、价值观念寻求自己感兴趣的学习内容从而提高自己的综合实力。但需要注意的是全面发展并不意味着全才发展，对个性化发展不会产生任何影响。从哲学逻辑的角度来看，全面发展与个性发展之间不是相互对立的关系，而是辩证统一的关系。全面发展为个性化发展打下坚实的基础，个性化发展是对全面发展的补充。在定义创新人才概念方面，不仅要求人才具有一定的创新精神和能力，还要确保能够全面健康的发展。个性化发展是创新人才成长和发展的重要基础，因为那些被限制个性化发展的人才是不可能成长为创新人才的。现代社会的竞争归根结底是人才的竞争，而人才竞争的关键在于创新意识和能力的竞争。

（二）全面发展与个性发展

1. 全面发展

马克思主义理论认为个人发展的最高层次在于自由全面的发展，这样才能完整地展示人的本质。在共产主义社会中每个人都能得到全面自由的发展。马克思主义对人的本质定义在于人是现实、具体且实践的个体。根据马克思主义理论，个人的发展不仅是为了适应社会发展变化，还是为了展示社会发展的最终成果。

想要确保个人能够得到全面自由的发展，首先要解决好人与社会的发展关系。个人的自由全面发展必须建立在社会发展的基础上，因为个人的成长和发展需要适应社会发展变化，个人必须了解社会制度、社会秩序和社会发展规律，才能处理好个人发展与社会发展之间的关系，才能够获得有效的发展空间和条件，才能在社会发展变化中最终实现个人的全面自由发展。

习近平主席提出的不断促进个人自由全面发展的观点，本质上是对马克思主义人的全面发展的补充和解释，是习近平新时代中国特色社会主义思想的重要组成部分，是中华民族伟大复兴的思想动力源泉。习近平主席在主持召开的全国教育大会上多次指出：国家教育的最终目标在于培养社会主义建设者和接班人，探索出中国特色的社会主义教育道路，确保学生德智体美劳全面健康的发展。

基于人的全面发展理论进行教育改革，即从德智体美劳等多方面多角度践行深化改革，德智体美劳的全面发展是人类社会的最终教育目标，也是对个人素质定位的具体体现。

2. 个性发展

美国于20世纪70年代开始了教育改革，将基础知识技能的教育目标放在了次要位置，重视学生的个性化发展，强调培养和提高学生的创造能力，引导学生形成正确的价值取向和三观。美国经过此次教育改革以后，对当时的社会经济的发展产生了非常深远的影响。社会发展的本质是人类的发展，现代教育的基本理念在于以人为本开展教育工作。

在个性化发展中的个性指的是人的意志、情绪、理智、思维和实践等多方面的特征与现实态度的综合，其分为生理、心理和社会三个层次。简单来说，个性是个人与其他人得以区分的衡量依据，是个人的意识倾向与稳定特殊心理特征相互结合的产物。人们能够得到个性化发展对其全面发展是非常有利的，这是所有教育工作者毕生追求的伟大教育目标。所以，不论是从学校发展教育的角度来看，还是从社会发展的角度来看，都应该重视个性化发展问题。

学生的个性是不断发展变化的，学生的个性形成和培养是一种相对复杂的过程。需要注意是学生的个性发展不是固定不变的，不是由多个部分共同组成的。学生的个性化培养需要遵循个人成长发展的客观规律，了解学生个性特点的发展变化，为其提供适当的心理辅导和疏导，帮助他们形成正确的价值取向和三观。从心理学的角度来看学生的智力和思维是按照一定规律不断发展的，在这一过程中会展示出他们独特的个性。每个人从出生那一天起就会拥有自己独特的兴趣爱好，就像是一颗幼芽会随着个人的成长发展不断壮大，尤其是少年时期的发展个性展示得更加鲜明。想要充分发挥和培养学生的个性，需要在学习过程中对其进行引导帮助他们形成健全的人格树立正确的三观。

学生个性化发展的过程，不是从简单到复杂的发展过程，更多的是思维从具体向抽象，从浅显到深刻的方向发展的过程。从本质上来讲，个性指的是人对客观事物和客观规律的观点和看法，具有一定的深刻性和全面性特点。尽管学生的个人素质和人格之间存在一定差异，想法和观点有所不同，但衡量一个人个性特征的重要标准在于个人对本质、规律问题的认知和理解程度。所以，想要确保学生个性化发展，就必须重视他们的思维从具体形象向抽象概括的方向发展，帮助他们的思维从低级向高级方向发展，使其成长为一个思维活跃且具有逻辑关联性的创新型人才。

第二节　构建学校课程体系的价值方向和基础性框架

一、学校课程体系构建的当代指向

课程是教育的关键媒体，对全方位发展的人进行培育，这是课程的指向，但是应进行深入分析。马克思主义中的全面发展的人，是从现代性问题的角度来阐述的，表达的是特定的理想，也就是，政治消亡社会里的全面、宽松的发展，并非被压迫由此形成的片面发展，所以在现阶段，人的全面发展指的是什么，具有基于政治限度的内涵，包含了显著的时代性。在中国，该问题有两个比较关键的背景，这将新的内涵赋予了人的全面发展。

第一个是我国的制度与文化以及社会主义道路、新时期中国特色的社会主义思想，对全面发展的人的政治内涵进行了定义，并对发展的特点与程度进行了界定。教育模式取决于社会模式，当前，中国特色社会主义道路模式决定了我国的教育方式。教育的内涵先是政治教育，换言之，就是对政治的人进行培育的教育。在核心素养中，核心有社会性、普遍性等特征。虽然核心素养也关注了人成长的要求，但是该关注依旧应在政治教育的范围内展开，该教育体现了课程设置的相应哲学，换句话说，就是课程设置始终与社会制定的标准紧密相连。课程设置中的社会性还展现了基础性与广泛性的特质，这些在现阶段主要通过课程趋势来体现，也就是说，课程应有利于培育有中国价值的人，对奉行我国核心价值观的人进行培育，为我国现代化建设培养合格的接班人。

第二个是技术的更迭与升级，尤其是人工智能的快速演进，使得人们的生活与学习形式出现了翻天覆地的变化，也让教育与发展面临着许多未知的挑战，主要有这些层面：对人的教育教学模式与学习方式形成一定影响，可能会改变社会模式，致使人们的劳动产生相应变化，从而对人的素养的替身制定新的要求。可以估测到，在未来人工智能会在重复性工作上发挥重要作用，取代人类，还会全面影响到人的社会模式。对于教育而言，这代表着什么？是不是表示教育应当注重培育更优秀的人，以超越人工智能？可能在教育领域也会广泛应用技术，比如改变教学模式等，但技术是否能深刻影响培养什么样的人才，还需进一步探究，除非社会模式与技术之间存在深刻的影响关系。需认真辨识的是，技术的演变尽管能够全面影响教育模式，但是可能不会对教育基本内容形成重大影响，例如，人工智能取代了人类的一些工作，使得操作工的数量不断下降，但是这不代表操作能力的提升不重要了。实际上教育的核心内容依旧是培养人才的实践能力。所以，教育的本质未产生变化，也不能有变化。该本质是教育是培育人性的，首先是人的创造性，这是人类所特有的；其次是人的情感性，比如，人对世界与自然环境等的关系的理解，由此延伸到对人的认知，从而得到不断发展。

但是人们谈论的增强人才的创新意识与创新能力，与其看作提升人的创新能力，不如说是推动人的全面发展。在培育技能、积累知识之时，倘若无法超越能力与知识，无法拓展个体的内涵，那么，可能会让人陷入一种迷茫的状态，甚至迷失自我。

二、学校课程体系构建的基点

课程的类型较为丰富，学校课程体系的建设形式也多种多样，但从基础教育的视角来看，学校课程体系还需有基本框架，方向清晰。可是以什么基点为准呢？

课程的对象，就是所要培养的人才，这是基点上的重点。创建学校课程体系，旨在为人才的培养提供有效支撑，但是实际上人的存在是特定的政治性的体现，因此可以先贯彻国家课程意志。每一门课程均展现了国家的意志，均包含了相应的政治特征，国家制定明确的基本课程，旨在对所需人才进行培育。并且，人也是在自身的不断发展中体现社会性的特征，所以课程还需针对人的个性发展而实施。由此可见，创建学校课程体系应当从以下几个方面来展开：第一，创造性落实国家课程；第二，顺应人的个性发展要求。但这些层面是否能够变成现实，还需分析课程功能能不能全面展现。学校课程体系的建设还需解决"培养什么样的人才""怎样进行培育"这些问题。想要回答前一个问题，需选择适宜的课程内容；解答后一个问题，需借助挖掘课程功能来完成。

（一）国家课程的创造性实施

现阶段，学校课程研发的关键在于更新改进国家课程，即使部分课程相较于以往有了更加的深入开发与延伸，但是重点还是在巩固知识的基础上展开的重复练习，依旧使用的是以往的教学模式，特别是科技教育和艺术等的开发，没有全面、充分地发掘国家课程。从整体来说，这些课程开发无法充分培养人才的创新能力与认知能力等核心能力。在创造性落实国家课程方面，不仅要整合相应学科，还需分析、实施新的教学模式，或者对不同的教学方法进行深入研究。

应用有指向性的教学模式，原因是让学生不再进行重复的训练，培养人才的知识建构能力，积累建构性知识，以期为知识应用、建构知识带来新的思路。国家课程的实践需要的是适宜的教学模式，例如，倾向于培育批判力的研讨式教学、基于逻辑思维训练的知识教学、启发式教学和基于问题的跨学科探究式学习、以意义丰富为宗旨的情境式教学、生活与实践性教学、提升想象力的艺术创新教学、应用信息技术的网络教育等，需依照育人要求、课程内容进行灵活使用。

（二）满足个性化需求的课程配备

只要是得到社会认同的个性化发展，就能有效促进学生的快速、健康发展，越能体现其社会性。从这一层面来讲，学校课程体系应全面适应人才的个性要求。但是问题在于，人才的个性发展所需的课程有着需求限制，换言之，学校课程体系不可能一直无限制地满足学生的个性化成长需求。学校不可能有如此强大的课程开发的能力，尽管学校在社会资源的支撑下可以拓展课程，但是学生的兴趣是有限的，所以学校在开发个性化课程的过程中，应从大局出发针对各个方面进行综合的分析，不仅要分析学生的个性化课程，还需在此类课程的基础上设计出基本框架，重点在于寻求到有利于培养学生核心能力、体育特长等能力的课程，例如，创客教育、创新教育，不仅包括"三模一电"，还可设置计算机技术课程、人工智能课程、信息技术课程和机器人课程，还要注重问题探究与思考的科技探究类课程、小发明小制作课程、STEM教育课程等。开发艺术类课程时，不仅可以设置一些乐器课程，还可以设置电影类课程、绘画创作课程、有利于培养学生想象力的剪纸课程、戏剧课程等。将以上课程归入基础课程的根本原因包括两个方面：第一，有助于培养学生的素养与技能；第二，包含了相应的综合性，能够借助特定的课程提升人的能力与素养。现阶段，学校在开发个性化课程上的一个基本问题是缺乏可靠根基，并且太过注重特定领域，没有关注到整体部署情况，或者太过看重某些细化的部分，甚至是只重视一个特长的练习。

开发与设置个性化课程，需从其育人功能出发，为学生多种素养的培养提供良好助力；并且，课程设置不能太过细致，可以根据课程的整合，在相应的时间范围内迎合学生个性化发展的要求，对其兴趣进行培育，优化其素养。其实设置个性化课程的本意是对学生的潜力进行充分发掘，尊重保护学生的兴趣，并对其兴趣进行充分培养，而不是专注于学生特长的培养。原因是从资源的角度来看，学校的教育资源比较有限，无法为学生的个性化发展提供强大的助力。如此建立的课程基本框架就能够借助有限的资源推动学生全面发展，并且还能够借助课程整合，为学生的个性化发展奠定基础。

第三节 基于育人目标的学校课程体系构建

依照课程体系创建的思路，学校在核心素养培养与育人目标的基础上，建立了课程形态统一发展的课程体系。

一、构建基于育人目标和核心素养的课程体系框架

教育部于2014年推行了《关于全面深化课程改革落实立德树人根本任务的意见》，制定、颁发与国情相符合的学生核心素养体系。

依照教育部颁布的文件，我们需根据学校的现状，细化分析"培养有个性、健康发展的创新人才"这一目标，从有为、健康和博爱这些维度出发，与立德树人文件中提及的六个方面紧密相连，针对核心素养的九个重要领域，构建适宜的校本课程体系，从而形成特定的核心素养。

随着核心素养体系的形成与构建，在实践中进行持续的改进与优化。建立学校课程框架后，制定了详细的方案，学校贯彻实施了该方案。

二、构建多种课程形态协调发展的学校课程体系

人生发展与成长，这是改进后的课程体系的主要内容，课程目标则是对有个性的、健康发展的创新人才进行培养，根据有为、博爱与健康这些目标，对3个系列的校本课程进行规划设置，详细如下。

（一）课程结构

在构建课程内容结构上，与以往的直接根据课程内容进行安排的方式存在一定差别，学校主要是通过课程目标来设置相关内容，彰显了服务于育人目标的课程理念。

1. 第一系列：围绕着健康素养的提升，实施为健康人生夯筑基石系列课程

（1）模块一：学会学习

乐学善学：科学看待学习的意义与价值，在学习中端正态度，有积极学习的意愿与动力；学习习惯良好，了解与自身发展相匹配的学习方式；能够积极学习新知识，有终身学习的意识与行动等。

及时反思：有及时反思学习表现的习惯与行为，在实践中不断总结经验，吸取教训；可以依照具体的情境与真实状况，应用合理的学习方法，并对学习策略进行快速改进等。

信息意识：能够积极快速地采集、研判、分辨与应用信息；有相应的信息安全意识，具有网络伦理道德；有一定的数字化处理能力，能积极顺应信息化演变态势等。

（2）模块二：健康生活

热爱生命：知晓人生价值，了解生命的重要意义；有一定的自我保护能力，拥有相应的安全意识；学习与自身特征相匹配的运动技能，培养良好的生活习惯等。

健全人格：心理品质良好，自尊自爱，积极向上，具有坚韧的品质；具有一定的自制力，可以对自身的心理与情绪进行调整，面对困难能够从容应对等。

自我管理：理性客观看待自我，对自我进行合理评估；根据自己的潜能与性格等确定良好的发展目标；合理利用时间，对自己的时间进行准确划分；有行动的动力以及完成任务的信心等。

2. 第二系列：围绕博爱素养的提升，不断升华人生系列

（1）模块一：人文底蕴

人文积淀：积累了中外人文层面的相关理论知识，了解该领域的最新发展状况；知晓人文思想中的实践与认知方式等。

人文情怀：遵循以人为本的理念，懂得维护人的尊严，尊重他人；重视人的发展需求，关心人的生存与发展等。

审美情趣：具备一定的艺术能力，掌握丰富的理论知识等；了解文化的

多样性并持尊重的态度，有鉴赏美、发现美、体验美等的能力；有艺术表达的积极性与意识，通过日常生活，对美进行升华；有良好的审美思想等。

（2）模块二：科学精神

理性思维：有探索真知的愿望，了解并学习一些科学方法；尊重证据、了解事实，具有良好的求知态度，提升实证意识；具有相应的逻辑思维能力，通过合理的思维理解事物、清除障碍，实施有效的行为等。

批判质疑：有相应的问题意识；能够自行进行研判与分析；辩证地看待问题，进行合理抉择等。

积极探索：有一定的想象力，有强烈的求知欲；不怕艰难险阻，有打破砂锅问到底的探究精神；有不断探究的勇气，能够利用合理的方法和手段来解决难题等。

3. 第三系列：在有为素养不断提升的基础上，积极奋斗创造有为人生系列

（1）模块一：责任担当

社会责任：严以律己，宽以待人，使用礼貌用语，讲诚信；尊重长辈，懂得感恩；积极参与公益活动，工作尽职尽责，团结友爱，热心帮助他人，有无私奉献的品质；有作为，履行自身职责，平等对待他人；有辨别是非的能力，有法治意识，合理行使自身权利，履行公民义务；维护社会正义，反对假公济私、崇尚平等民主自由；尊重自然，热爱周围的环境，有环保意识，深度贯彻实施可持续发展理念，并付诸行动，崇尚健康绿色的生活方式等。

国家认同：知晓我国的发展史，产生强烈的国家意识，热爱国家和人民，积极维护国家尊严，捍卫我国主权；认同中华民族文化，传承弘扬我国的优秀传统文化，积极传播我国先进文化，以生活在一个文明古国而感到无比的自豪；了解我党的优良传统，知晓中国共产党的发展史，有热爱党的行动与实践；认同并积极践行我国社会主义核心价值观和中国特色社会主义共同理想，具有为实现我国伟大复兴梦而积极进取、持之以恒的理想与行动。

国际理解：形成强烈的国际意识，遵循开放发展的理念，及时了解全球最新的发展动态；尊重不同国家在文化方面的差异，认同文化多元化发展，

并加入跨文化互动活动中；科学认知人类命运共同体的价值，关心世界面临的各种挑战等。

（2）模块二：实践创新

劳动意识：理性看待劳动，形成正确的劳动习惯、端正良好的劳动态度；培养操作能力，拥有相应的劳动能力；积极参与公益活动、家务劳动、社会实践等，有提升劳动效率的意识，能够对劳动方式进行优化；培养合法劳动的意识与行动，有创造美好生活的能力等。

问题解决：能够及时发现问题，具有化解难题的能力和素质；有在复杂的条件下操作实践的能力；可以根据相应的条件与环境，提出有效的应对策略和改进方案等。

技术运用：充分了解技术和人类社会演进之间的关系，产生学习技术的积极性与热情；形成理性的工程思维，可以把创新变换成实物或者不断改进既有物品等。

（二）课程规划

依据以上课程目标、框架结构，对教师、学校与学科课程体系进行设置。

1.学校规划课程

（1）为健康人生夯筑基石的相关课程：拉开文化教育的序幕，也就是入学教育，职业生涯规划。

（2）对博爱人生进行提升的相关课程：天地之中，也就是乡土教育。

（3）进取有为人生相关课程：游学旅行序列、创客教育序列。

依照学校的实际要求和课程开展情况，每一年引进两门精品课程或者三门精品课程，还需要提供丰富的师资资源。

2.学科规划课程

历史、语文、数学、生物、化学、物理、政治、美术、地理、体育以及信息技术等，一门学科开发一门到三门课程，同时进行考核评估。

3.教师开发课程

授课教师都需对特定的课程进行开发，并进行审核评估。

4. 课程分类

基于有为健康和博爱这些维度对课程进行目标性的划分，展开二级划分，主要包括生活实践类、大学先修类、学科拓展类以及职业规划类等。

（1）生活实践类：与学科化不存在必然关联的生活类学习。

（2）大学先修类：大学课程的先修学习。

（3）学科拓展类：对现有学科进行的拓展延伸。

（4）职业规划类：在职业规划的基础上进行的职业类学习。

（5）跨界综合类：超越当前学科界限的学习。

（三）课程实施

（1）校级课程属于必修课，学习时间为三年，一个星期有一节课。研学课程在高二实施，属于社会实践课。

（2）学科课程是精品课程，在得到学校的确认后被当成是主要课程，在高一和高二实施，基本选在星期五下午实施。

（3）教师开发的课程需通过教师发展中心的审核和批准，符合相关要求之后，学生再进行选择，只要选择该门课程的学生数量超过20人就可以开设，低于这个数字则会将其视作课程资源，等相关条件成熟之后再开课。

第四节 学科育人——学校课程建设的主渠道

有关学科功能和价值的问题一直是我国基础教育与课程改革的关注点。为改善这一情况，以真正能够给学科育人的目标和价值的实现提供具体而有效的指南，教育部于2022年印发的《义务教育课程方案和各课程标准（2022年版）》（以下各科《义务教育课程标准（2022年版）》通称"新课标"）中特别强调："要大力推进教学改革，转变育人方式，切实提高育人质量。"从中可以看出，文件将学科育人作为新一轮义务教育课程改革的重要抓手。在此背景下，教师对"学科育人"概念的认识和理解程度关乎新一轮课程改革精神和理念能否在具体课堂教学当中得到有效落实。

一、学科育人的内涵

要全面认识和理解学科育人，就需首先回答"何为学科"的问题。学科在学校整个教育系统中的地位不言而喻，教师的教和学生的学主要围绕各学科而展开。学科是由近代学术发展而来的、相对独立的知识体系，它使人们的认识及其实践有别于常识和日常生活，获得长足发展。在学校教学中，学科具体表现为教学的基本科目。学科是人为认识世界而创立的，其产生之初就服务于人的发展。离开了这一目标，学科只是知识的堆砌，是毫无意义的。由此可见，学科的本质就是指向人的发展，是为"育人"而存在的，学科育人是学科本质的应有之义。只是在不同的历史和社会背景下，学科所育之人的要求各有不同。当前，我国义务教育阶段各学科所要培育的人要与"合格的社会主义建设者和接班人"规定相符合。

（一）学科育人与教学育人

从字面意义上理解"学科育人"与"教学育人"，前者偏重于内容，后者则偏重于过程和实施。但学科与教学两者并不能孤立地脱离另一方而存在。

学科只能在教学中实现其价值。没有教学，学科就无法完成其育人的使命。没有具体的学科，教学就缺失了依托，育人当然也就无从谈起。实际上，无论是教学育人还是学科育人，两者的育人目的和内容都是一致的。在新课标中提出的学科育人其实就已经包含了教学育人，因此，完全可以将学科育人理解为学科教学育人，只是学科育人更加凸显出学科的特性和规律。

（二）学科育人与课程育人

新修订的义务教育课程方案中有一条关于课程标准作用的描述，即"强化了课程育人导向"；各学科新课标对学科核心素养内涵的介绍中也提及"核心素养是课程育人价值的集中体现"。但在普通高中各科课程标准中又指明"学科核心素养是学科育人价值的集中体现"。那课程育人与学科育人两者到底是怎样的关系呢？课程育人强调从宏观层次对育人进行整体的规划和设计；而学科育人则是在课程育人的框架之下对课程育人的总体理念和要求提出更加具体的要求，具有鲜明的学科特色。两者相辅相成，学科育人包含于课程育人当中，为课程育人的落实提供支撑。

二、学科育人的价值

价值是表示客体的属性和功能与主体需要间的一种关系范畴。在"学科育人价值"问题上，华东师范大学叶澜教授指出，"学科育人价值"是"学科对于学生而言独特的发展价值"，是"满足学生成长需要的价值"。这一阐述构成了我国对学科育人价值的基本认识。此次新修订的课程方案也将"学科育人价值"的要求贯穿于各学科新课标的理念、目标、内容和实施中。学科育人价值主要表现为学科育人功能或作用的实现，是学科在满足人的发展需求方面的作用发挥程度。学生和学科分别构成了学科育人价值的主体和客体。基于此，理解"学生"与"学科"在学科育人价值中的地位和作用是明晰学科育人价值的关键。

（一）现实的人是学科育人价值实现的出发点和落脚点

在义务教育阶段所育"人"的身份为学校教育的对象——学生，学生是学校一切教学工作的出发点。"学生"在学科育人活动中并不是一个符号化、抽象化的概念，而是可以被教师真实感知的、有自身独立个性和经验的具体存在。学科育人不仅是党和国家政策的要求，也是学生自身成长的需要。学生成长是生命个体不断社会化，由自然人成长为具有一定社会意识、符合一定的社会规则的社会公民的过程。学科育人的价值即是对学生当前及今后发展所赋有的意义。

各学科独特的育人价值和共同性的育人价值都要以学生个体具体的现实的发展作为衡量的标准。新课标也强调课程内容与学生经验、社会活动的联系，从学生社会实践的角度出发以变革传统的育人方式，并依据学生的行为表现来评价学科育人价值是否得到落实。可以说，学科的育人价值就表现为学科对于具体的人而言的发展价值。学科知识的传授从人的真实需要出发，与学生日常生活建立起有机的联系，从而引导学生理解学科符号的内在意义及其背后的思想精髓，并在学生的现实情境中得到体现，这样学科育人的价值才算得上是"有始有终"。

（二）学科为学科育人价值实现提供客观的内容和依据

学科在义务教育阶段既可以作为一个个相对独立的部分而存在，如化学、生物学、数学，也可以是一个完整的体系，即泛指整个义务教育阶段设置的科目。由此，学科育人价值既可以表现为不同学科所拥有的区别于其他科目的独特育人价值，又可以作为一个整体，展现出共通的育人属性。在新课标当中，各学科课程的育人价值集中体现在对学科核心素养的规定上。如果以学科为划分，那学科育人价值就可以看作是各自学科对于其核心素养的表述的综合。

语文学科的育人价值表现为对学生"文化自信""语言运用""思维能力""审美创造"核心素养的培育；数学学科的育人价值在于将学生培育成"会用数学的眼光观察现实世界""会用数学的思维思考现实世界""会用数学的语言表达现实世界"的人。两者分别完成各自承担的育人任务来实现最终的学科育人价值。但如果以这种形式来反映整个义务教育阶段学科育人的价值，就很容易走入以单一学科的视角来看待学科育人价值的误区，各学科之间难以有效形成育人合力。

因此，第二种方式选择以学科核心素养所包含的层次进行划分，可以将学科育人价值分为"思维观念侧重"与"行为实践侧重"两个方面。这样的划分可以使每个学科都具有思维观念育人价值与行为实践育人价值。在"思维观念侧重"上，学科育人价值就不再是割裂的，而是表现出某种共通性，如道德与法治学科的"政治认同"、历史学科的"唯物史观"与"家国情怀"、语文学科的"文化自信"都体现出对学生爱国情感的培育。在"行为实践侧重"上也是如此，语文学科、英语学科及数学学科都强调对学生语言运用能力的培育；道德与法治和体育与健康也同时着眼于学生日常行为习惯的养成。同时，这种方式也可以说是根据学生生活上的真实需要来划分的，同时表露出为学生的现实生活和发展服务的育人价值取向。

三、学科育人的目标指向

学科育人目标与学科育人价值息息相关。前面提到，学科育人价值的本质是学科对于人的发展价值，学科育人的目标既是要回答育什么样的人的问题，同样也是指向人的发展。而对于这一问题的思考和设计存在着两种不同的取向，一种是从培养学科专业工作者的角度出发，以培养"专业人"为取向的育人目标，可简称为"学科专业育人目标"；另一种则是从培养具有高素质的普通人的角度出发，以培养"普通人"为取向的育人目标，可简称为"学科普通育人目标"。在义务教育阶段，尤其是在新课标修订后，学科育人目标到底该如何定位呢？义务教育是我国基础教育的一个重要阶段，此阶段的学习者各方面的素养发展尚处在发展的初期；且义务教育阶段要为学生后面进入普通高中教育系统或职业教育系统奠定基础。相较于二者，义务教育的基础性与非专门性更加明显。

新修订的课程方案正文开篇也明确规定了义务教育阶段对人的培养要突出全纳性、全面性和基础性。因此，义务教育阶段学科育人的目标应向"学科普通育人目标"侧重，即优先保证"普通教育"，培养和提高学生作为一个普通人应具备的基本的、一般的素养，如语言表达与交流能力、逻辑推理能力、严谨求实的科学态度、人文理解与关怀素养等，适当补充"专业教育"。新课标也是有意表达了学科育人向普通育人目标回归的理念，着力强调以下两点规定。

（一）贯彻学科教学的育德功能，落实立德树人根本任务

党的二十大报告明确指出，要全面贯彻党的教育方针，落实立德树人根本任务，培养德智体美劳全面发展的社会主义建设者和接班人。义务教育阶段的学科育人目标也当紧密围绕立德树人根本任务而展开。立德树人中的"德"是"大德、公德、私德"的总称，与德智体美劳中"德"的含义相同，包括政治、道德、法律，即理想信念、道德品质、法治素养三个方面。立德就是要在坚定青少年理想信念、塑造青少年道德品质、涵养青少年法治素养方面下大功夫、花大力气。理想信念、道德品质以及法治素养三者的关系是密切联系的，在这一时期对学生立德目标的实施仍要注意与学生的认知水平相适应，偏重立德的基础性和普及性。

在理想信念方面，学生要能初步树立共产主义远大理想和中国特色社会主义共同理想，对党和人民充满热爱。在道德品质方面，学生要能够厘清个人、集体与国家之间的相互关系，明白只有在国家富强的前提下，集体和个人生活才能有所保障；国家的富强依赖于个体的贡献和努力。在法治素养方面，学生具有一定的法治意识，懂得在日常生活当中如何遵守法律。三者统一于"立德树人"的总目标，并且都聚焦于对学生爱国情怀的培育。这为各学科的教学提供了一个明确的方向，无论是自然科学课程还是社会科学课程都要注重将知识与能够激发学生爱国情怀的材料和情境联系起来，配合"立德树人"目标的落实。

（二）锻炼和提高学生的思维能力和实践能力

本次新修订的课程标准的一大特点就是坚持素养导向，将党的教育方针细化为课程应着力培养的学生的核心素养。不同学科对核心素养的规定和表

述虽有差异，但在对学生关键能力的培育上却存在着共通性，即强调学生思维能力和实践能力的养成。思维是一个人底层的思考模式，决定个人解决问题的能力。

美国教育家杜威认为，思维的作用在于"把单纯意欲的、盲目的和冲动的行动转变为智慧的行动，它能够使个人的行动以深思熟虑和自觉的方式展开，以便达到未来的目的"。对学生思维能力的培养不只是为了教会学生如何答题，更重要的是使学生形成良好的思维习惯，从而正确认识社会生活中出现的现象，解决日常生活中遇到的问题，初步具有辩证思维和创新思维。在这种情况下，学生思维能力的提高与其实践能力的提升是相互联系的。可以说，对学生思维能力的培养使学科知识指向现实生活，而对学生实践能力的锻炼才是真正让学科知识落实到现实生活。此次新课标力求实现学生由"知识人"向"生活人"的转变，使书本知识和思维有效固定在头脑中，提升学生的生活自理能力和实践水平。这一理念已经在各学科的核心素养上得到体现，同时也充分反映在课程设置与课程实施的规定当中：鼓励学校因地制宜地开设将劳动、综合实践活动同其余学科相融合的地方课程和校本课程，灵活提升学生的实践能力。

四、学科育人的实践路径

各门学科知识是育人的载体，课堂教学是实现学科育人的主要路径。因而，要实现学科育人的目标，使学科育人的价值充分显露，教师就必须充分发挥课堂教学的主渠道作用。

（一）注重教师队伍建设，转变教师观念

兴趣是最好的老师，实施学科育人应以培养学生对学科学习的兴趣为起点。而学生对一门学科产生兴趣的背后，往往存在着一位令其敬爱的教师。学科知识对于学生是抽象的存在，但传授学科知识的教师对学生而言却是具体的可感知的，是学生心目中的学科"代言人"，这个角色在课堂中的一言一行都影响着学生对其所授学科的观点和看法。因此，学科育人要想落到实处，育人者，即教师就必须拥有与学科育人要求相适应的思想境界，具备相应的人格魅力。为此，教师需要从"学科知识本位"走向"学科思想本位"，不仅要思考"如何将书本知识教给学生"，更要去思考"如何将知识背后的理念交给学生"的问题，深刻理解本学科的实质，对自己所教的学科充满爱，从而在心中坚定自己"传道者"的信念。更为关键的一步是要从"学科思想本位"转向"育人本位"，明确学科的真正价值所在，即为了学生的发展，把学生真正地装入心扉。

（二）理论知识与生活实际相结合，课堂教学生活化

课标的重新修订也是为了更好地配合新教材在课堂上的使用。新教材的一大特点就是在书本中展示出更多的生活情境，以求教师能够搭建起学科知识与学生生活的桥梁，关注知识的生活意义。教师在课堂教学的准备和实施环节，要利用好教材资源，并以自己及学生身边的生活案例作为补充。在具体的教学实施环节，教师要注意理论知识与生活实际的结合绝不能单纯地以生活案例"点"一下或简单讲解一下书本知识，因为此事只是方便学生去理解知识，但根本上仍然是知识导向的。为此，教师要突出新课标提倡的"问题导向"去实现理论与实际的结合。这里的"问题"更多是指向已经生活化的学科问题，既不是纯专业性的，也非完全抛开知识理论，能够帮助学生实现由学科知识到生活实际，从生活实际到学科知识的相互迁移。

课堂也并非局限于"学校课堂"，教师也可以根据学科内容布置一定的实践性作业，以此作为课堂的延伸。如道德与法治课教师在正式讲授《坚持改革开放》一课之前，可以设置如"采访家中长辈，听一听他们对改革开放时期个人生活或国家发展有着怎样的印象，并谈一谈你对'为什么要坚持改革开放'这一问题的看法"的前置性作业，使学生通过亲身的调查获得一定认识，配合其对本块内容理论知识的学习和理解，养成借助生活经验感受知识的学习习惯。

（三）强化各学科之间的协同性，形成育人合力

学科育人目标和价值的实现是由各个学科共同完成的，在完成的过程

中，各门学科间的关系不是孤立的，而是要有机地联结起来，走出"育人小课堂"，进入"育人大课堂"。虽然各门学科对其核心素养的表述存在着共通性，但在课程设置和目标上仍有着不小的差异。为此，教师就需要以学科知识为纽带，找准不同学科之间知识的契合点，并关注学生的思想及生活需要，从而构筑起"跨学科课堂"。例如，历史和道德与法治两学科都对中国近现代史有所涉及，且讲授的概念也有互通性，如"民主""法治"等，但讲解的视角和教学目标有所不同。这就为两学科课堂与教师之间的相互交流提供契机，两学科教师可以互为彼此课堂上的"嘉宾"，围绕当堂课上核心的概念，站在不同的学科背景为学生讲述，使学生的学习和理解更加深刻，提高学生的思维水平。在实施过程中，各学科教师还应着重关注跨学科课堂教学目标的制定和落实，依据学科育人的目标和价值，着重培养学生的思维水平和实践能力，共同助力"学科育人"。

总之，教师要深刻领会《教育部关于全面深化课程改革落实立德树人根本任务的意见》《义务教育课程方案和课程标准（2022年版）》等文件中关于"学科育人"的内涵，探索学科育人的理论和实践价值，明确学科育人的目标指向，并在实践中深入践行。只有这样，才能保证学科育人总体要求的落地。

五、学校课程向育人课程的转化

学校课程发挥着独特的育人功能。促进课程育人方式变革，应重点发展学生的综合素养，促进学生全面而有个性的发展。教师应当明确，学生是独立的人，而且其生活世界是有别于成人的，其独特的个性应受到关注和尊重，教育的最终目标应是培养自然、完整的人。

（一）尊重个体差异，强调学习自主性

教师需要注重教学内容、教学进度与学生的适配性，并从简单的教学内容不断延伸，扩充课堂教学的内容，逐步引导学生过渡到新的学习模式，使学科课程逐步走向育人课程。但学生之间存在诸多差异，在开展教学时，教师应注重教学的技巧，做到"因材施教"，使学生更好地发展。此外，学生

是学习的主体，教师只是学生学习的引导者、促进者、参与者、合作者，教师应该放手让学生自己去发现和解决教学问题。因此，在开展幼小衔接教育时，教师也要尊重学生个体的差异，鼓励学生自主学习。

1. 创生课程资源

课程资源是一切能够运用到教学活动中的各种条件和材料，促进教学活动更好的开展。充分挖掘与运用校内外资源，能够促进学生在跨学科学习活动中提升综合素养。

2. 多维课程评价

根据课程目标设置的综合性，课程评价与之对应，呈现出过程性、表现性等多元的评价方式。例如将评价自然地融入跨学科主题活动中，让评价成为促进活动的手段。

（1）表现性多元评价提自信

每一个学生都是独一无二的生命体，课程评价应以满足学生需要和使学生获得发展为主要依据。

（2）过程性档案评价显个性

评价过程是给学生进行指引的过程。以档案袋评价为载体，由学生本人、同伴、教师和家长对学习过程进行多元评价，包括粘贴作品、粘贴参与活动的照片、留言鼓励、反思小结等。手账本定制成活页形式，方便不断填充和丰富。琳琅满目的手账本就是学生课程学习的成长，是独一无二的过程性评价档案。

（3）发展性增值评价促动力

对于学生而言，精神力量的激励不可小觑，能够让学生树立坚定的信念。每学期，学校可结合教学活动，开展各种评选，从个人和集体多元角度开展发展性增值评价，加强学生"主人翁"意识。

（二）多方式结合，凸显课程实践性

1. 结合项目学习，促进知行合一

学校在课程实施中，需打破教师"坐而论道"的教学方式，通过项目化学习设计,更加关注学生的主体需求与学习实践,链接学生的真实生活,在发现与解决问题的过程中促进素养发展。项目的设计从问题发现到解决,能够体现学生的学思结合,努力将想法变为现实的实践精神与创新能力。

2. 结合社会实践,聚焦多元发展

学校引导学生打破学习时空,"走进社会大课堂",积极开展社会实践。在教师的带领下,学生以小组为单位,进行社会实践。学校还可进一步引导学生参观各种文创展示活动,设计精彩多样的特色文创产品,并设计产品宣传与直播方案,在多样化的实践活动中逐步培养学生的创新意识,促进多元智能的有益发展。

3. 结合自主探究,促进个性成长

自主探究作为重要的学习方式,是学生开展校本课程实践的主要方式。学生们作为校园的小主人,积极发现问题,并通过小组合作尝试自主解决,有力地促进个性与全面发展。

第四章

国家课程校本化：学科育人的关键

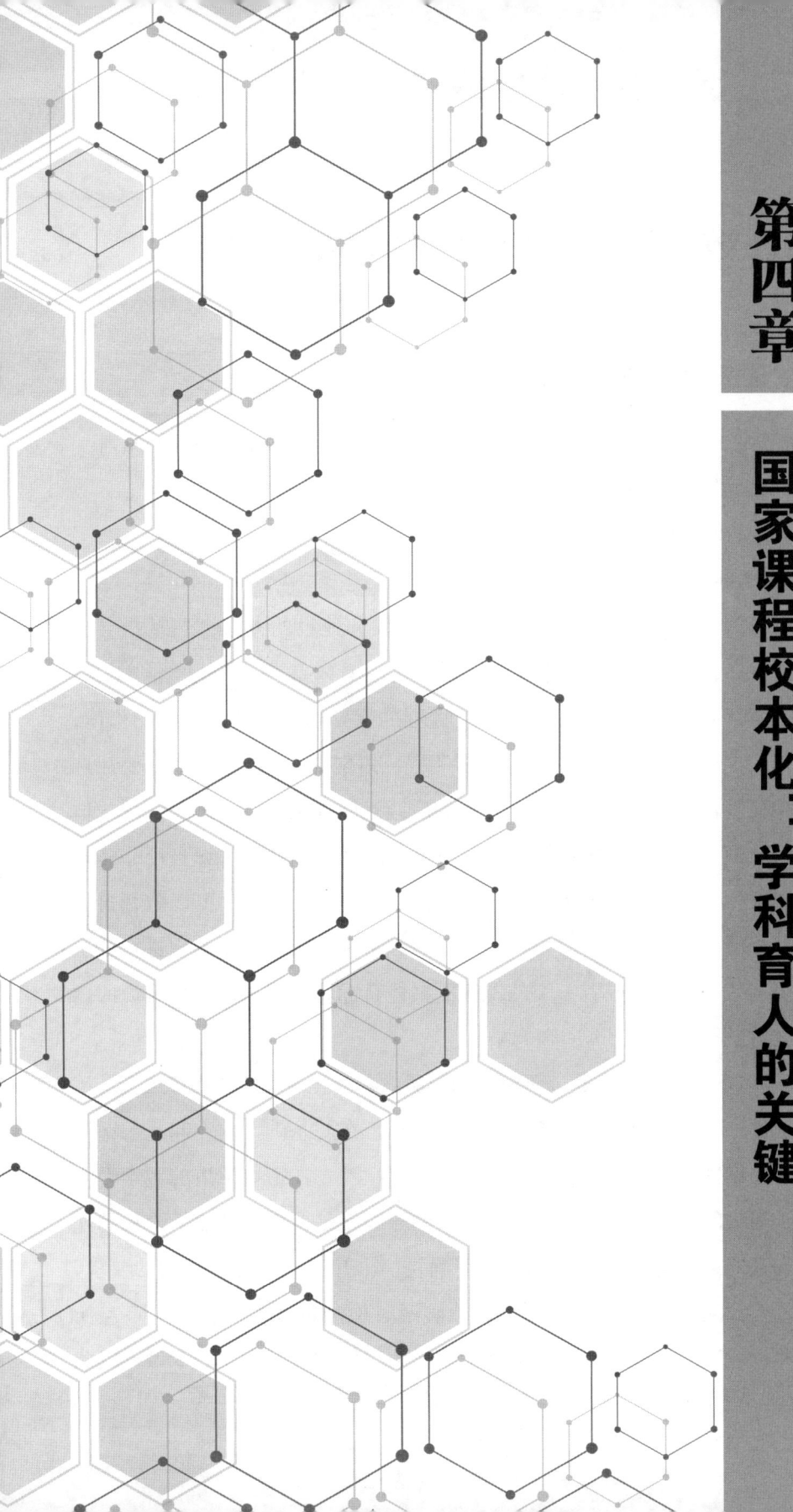

第一节　国家课程校本化的实施

一、国家课程校本化实施的原则

要高质量地开发和实施国家课程，需要把握好课程建设的以下几个原则：

（一）要明确育人目标

把学生的发展放在课程建设的核心位置。

（二）要制定基于学生发展的课程方案

依据育人目标，制定国家课程校本化开发和建设的方案，包括指导思想、课程目标、校本化开发的重点、实施步骤、具体要求等。基于学生发展的课程方案，必须始终以学生为中心。课程的指导思想是教师行动的指南，要让不同需求的学生都能选择到相应的课程，体现课程的可选择性；要让选择好的课程适合学生的实际，能为学生的后续发展提供帮助，体现课程的适切性；要让学生在课程的学习过程中发现自己的潜能、重新认识自己，体现课程的启蒙性；要让学生在课程的学习过程中始终安全无忧，可以敞开自己的心扉，体现课程的宽容性。根据指导思想和学生的实际，将课程进行分层或者分类之后，每一层或者一类的课程的具体目标就会明晰，课程建设的内容、实施的步骤等也会逐渐明晰起来。

（三）基于课程核心素养，研究实施分层或者分类课程的课程标准

明确每一个知识点的内容要求和能力要求，在此基础上建立起这一课程的框架和逻辑关系。萨尔默·可汗创办的可汗学院，在指导学生的数学学习上取得了很大的成功，其中一个非常重要的原因就是架构起了数学学科的知识关系，建立起了课程学习的标准，明确每一个知识点所应该达到的要求，学生在数学学习中出现问题的时候，能够通过检测很方便地找到关节点所在，并通过适当的补充学习加以突破。这样的工作教师平时比较少做，因此

也是看上去容易但实施起来非常困难的工作，需要学校通过反复的培训和专家示范，引导教师逐渐走向常规。一个细化的课程标准，还有一个非常重要的作用，就是帮助教师和学生共同把握教学的难度，不随意超出内容范围，不随意拔高能力要求。

（四）依据学校教学条件，研制课程内容

大多数教师将课程内容看作是编写教材，这本身没有错，但将课程内容给大大地窄化了。新课程改革有一个非常重要的理念，就是从"教教材"转向"用教材教"，教材只是一个例子，不是教师在教学中需要严格遵守的《圣经》。课程内容除了教材之外，还有很多呈现的方式，比如，各类书籍和资料、各种与学科相关的实验设备和教具、网络资源以及虚拟实验、相关的课程专家、同伴的学习经验等等。如果学校有条件，可以将传统的分班教室改变成教师的学科教室，让教师坐班学生走班，那么教师就可以在学科教室里做相应的环境布置，让环境也成为课程内容的重要组成部分。

（五）重视课程实施，把课堂教学变成学生自我发展的阵地

这是教师最熟悉的工作，但也最容易出现目中无人的状况。教师最擅长的事情是根据教学进度推进课程内容，关心的教学计划是否按时完成，往往较少关注学生是否理解所学内容，在学习中存在怎样的问题。以学生为本的教学，一个基本的要求就是要做到个性化，要为每一位学生制定与之相适应的个性化学习方案，让他能够兴致盎然地投入到学习之中。在这方面，美国的两位化学教师乔纳森·贝格曼（Jonathan Bergman）和亚伦·萨姆斯（Aaron Sams）为我们做出了示范，他们探索实践的翻转课堂教学，将基础知识的学习前置到课前，课堂上有充分的时间让学生展现自己，发现问题，并促进高层次思维的形成。我们不一定要照搬他们的做法，但可以将其中的基本思想借鉴到我们教学实践之中，助力个别化教师的实现。

（六）研究建构多元化课程评价

课程评价其实是随着课程的实施同步进行的，依据课程标准的具体要求，教师和学生可以即时评价学习的状况，发现哪个方面存在问题，随时随地进行指导和调整。在条件成熟的学校，应该充分发挥新媒体和网络的优势，让学生自主检测学习的状况，让评价成为促进学生学习的得力助手。教师要树立评价是促进学生学习的手段而非将学生分级分类的工具的理念，允许在阶段性测试中成绩不理想的学生经过一段时间的努力后再次进行测试，鼓励学生达标，促进学生勇攀高峰，而不是一考定终身，不给学生改进或补救的机会。

国家课程校本化，赋予学校和教师很大的课程自主权。学校和教师要用好这一权利，让学生获得更好的教育，让自己的教育教学尽快走向专业化，从而更好地配合高考综合改革。

二、国家课程校本化实施的基本途径

（一）从"过度"到"适度"：把握国家课程的基础性和实施的校本化

在实践探索中，有些学校因为认识不当而出现国家课程"过度"校本化实施的情况，具体表现为：一是忽略国家课程的基本要求，过度以"本校"为本。有些学校片面强调所谓的"校本化"，以致国家课程被改的"面目全非"，甚至课程标准的一些基本要求都难以落实；二是简单移植名校经验，过度以"他校"为本。有些学校在推进国家课程校本化实施过程中，不是基于本校的实际情况，而是盲目模仿甚至完全照搬名校经验，以至于这些先进经验"水土不服"，国家课程校本化实施的效果大打折扣。这充分说明，在校本化实施国家课程过程中，学校必须把握好两个方面：

1. 国家课程的基础性

即学校必须坚持国家课程是基础、是核心，校本化实施是为了更好的落实国家课程的基本要求。

国家课程就是国家制定的课程，它集中体现一个国家在教育领域的意志，是专门为培养未来的公民而设计，是依据未来公民所要达到的素质和水平而设计的课程。学校在实施国家课程时必须以促进所有学生核心素养发展为指向，落实国家课程的基本内容、结构、课时。国家课程是在充分关注受教育者身心发展规律和遵循教育发展基本规律的基础上，经过系统科学分析论证而形成的，本身具有一定的科学性。尽管学校需要结合本校实际情况来创造性的实施课程，但绝不是"另起炉灶"，而是对国家课程的调整和完善，否则不仅不能保证课程实施的科学性合理性，还会偏离基本方向，违背了国家课程校本化实施的初衷。

2. 国家课程实施的校本化

学校在实施国家课程中，必须为了本校的发展、基于本校的实际情况并且依靠本校师生推进。学校在校本化实施国家课程中，必须立足四点：一是"校情"，即充分关注学校的发展历史、办学理念、育人目标、基本特点、机遇与挑战等；二是"师情"，要考虑本校教师的基本结构、能力水平、团队文化以及可能发展潜力；三是"学情"，准确把握本校学生的身心发展特点、课程需要、学习现状等；四是"课情"，全面分析本校国家课程实施现状、本校所拥有的课程资源，梳理本校已经制定的课程制度等。学校只有对校情、师情、学情、课情有深入研究和全面了解之后，才能有针对性的、创造性的实施国家课程，对教育理论的学习和对先进经验的借鉴才可能真正助推本校国家课程校本化实施。

（二）从"单向"到"双向"：打开国家课程校本化实施"上下对接"通道

1. 学校对国家课程校本化实施进行顶层设计

（1）学校要明确国家课程校本化实施的具体目标

国家课程校本化实施的根本目的是培养学生的核心素养，但具体目标与学校实际情况密切相关。

（2）学校要确定国家课程校本化实施的基本取向和实践模式

具体而言，在课程实施取向，最为广泛引用和认同的是辛德等提出的三种：忠实取向、相互调适取向和课程缔造取向。在实践模式上，比较有代表性的是由熊梅等提出的创新模式、整合模式和调适模式。学校在对国家课程校本化实施进行顶层设计时，要将其纳入学校课程整体规划中进行考虑，基于本校课程整体构建的目标和特点、体系和框架来确定实施取向和实践模式。但是，对于国家课程校本化实施，学校应尽量避免采用"一刀切"的方式确定某种取向或者模式，而应根据本校实际情况、仔细研究学科课程标准和学科教材，选择合适的实施取向和灵活的实践模式。

（3）学校要形成国家课程校本化实施的推进方案

具体而言，方案应包括学校推进国家课程校本化实施的目标要求、任务内容、实施步骤和组织管理等。推进方案要具体，学校对于推进国家课程校本化实施的各个环节、各个方面都要有具体说明，对实施的阶段、时间期限、负责人、监督保障机制等都有明确的安排；推进方案要有可操作性，要基于学校的实际情况，既有针对性、切实可行，又要循序渐进、能够为全校师生所接受；推进方案要有规定性，一旦方案形成，学校就应该按方案的具体内容认真组织实施，虽然可以根据实施进展略做调整，但基本方向和主要思路不应做太大改变。

2. 教研组对国家课程进行"二次开发"

教师是课程实施现实场景的执行者，他们的专业水平直接影响着国家课程校本化实施的效果。教研组作为学校学科课程的一个专业性基层组织，是学科教师提升专业素养、交流研究成果、推进学校课程建设的基本单位与重要平台。教师以教研组为单位参与到国家课程校本化实施的实践中，既能激发教师个体的积极主动性，又能发挥教研组作为学科教研团队推进国家课程校本化实施的创造力。

（三）从"短期"到"持续"：构建国家课程校本化实施的支持系统

国家课程校本化实施是一个复杂的系统工程，与课程资源、课程管理制度、教师素养等密切相关。如果学校缺乏"长远目光"，国家课程校本化实施可能会因为缺乏持续人力、物力和制度支持而"昙花一现"、难以为继。例如，若学校将大量资源用于短期内的国家课程校本化实施国家课程，不注重资源的充分利用、挖掘和保护，资源可能会面临"枯竭"；当学校关键课程领导者被调动、相应长效机制尚未建立时，后续领导者不一定能确保国家课程校本化实施的连续性；有些教师在参与过程中目的非常模糊，"学校要求做什么就做什么",缺乏真正的反思,专业素养并没有得到提升,国家课程校本化实施因此缺乏生命力,只能成为"短期"行为。由此可见,要可持续地推进国家课程校本化实施,学校必须构建相应的支持系统,加强对课程资源的可持续利用,建立机构并健全相应制度,促进学校教师的专业发展。

1.加强对课程资源的可持续利用

课程实施离不开课程资源的支持,但学校课程资源是有一定限度的,学校只能在有限时空范围之内推进课程建设,师资、课程内容等素材资源与课时、教室等条件资源等对国家课程校本化实施的制约是根本性的。所以,学校要关注课程资源的可持续利用。首先,学校在做顶层设计时需考虑国家课程实施与学校现有课程资源的匹配程度,即当前有多少课程资源可用于支持国家课程校本化实施。学校既不能"保守"低估而不敢推进国家课程校本化实施,也不能"夸大"高估而导致资源浪费、难以为继。学校在对现有课程资源的"质"和"量"进行科学判断的基础上"量力而行"、确定国家课程校本化实施的基本取向和实践模式。其次,学校要努力挖掘整合各种课程资源。既要充分而有效地利用现有资源,又要积极开发潜在资源,还要通过多种方式获得校外课程资源、加强学校之间的课程资源共享共建。总之,学校既要"开源",又要"节流",确保为国家课程校本化实施可持续的发展提供所需课程资源。

2.搭建平台,促进学校教师专业发展

首先,搭建宣传平台。既要让教师认识国家课程校本化实施的必要性和可能性,还要让他们深入了解本校课程建设的目标、方向和基本思路,以更好地把握国家课程校本化实施的具体策略。其次,搭建教师培训平台。教师既要加强本学科知识学习,深入研究本学科课程标准;又要学习跨学科的相关知识,以拓宽其知识面,促进课程整合;还要加强课程理论学习,掌握课程目标、课程内容、课程实施、课程组织和课程设计等基本原理,更好地指导教学实践。第三搭建教师合作学习平台。推进国家课程校本化实施需要学科内,甚至学科间教师团队的合作和学习,因此,学校应加强教师之间听评课、集体备课、参与式校本教师培训等，为教师发表自己的见解、学习他人的经验、思考并探讨问题解决的多元答案搭建各种平台和通道，营造宽松、民主、和谐、开放的教研氛围。

第二节 学校层面的国家课程实施规划

一、实施方案的制定原则

制定学校层面国家课程实施方案，学校应该把握以下几个原则：

（一）具有可操作性

学校制定实施方案不能完全悬挂于学校实际，过度倾向于方案形式上的呈现，沦为学校领导的业绩考核内容，而不考虑其在执行过程中是否具有可操作性，若方案的执行力度不够，自然会影响课程实施效果，也会挫伤学校教师和学校其他成员的工作热情，那么"向着愿景前进"只能是一句空话。

具有可操作性，具体涉及：方案在制定的时候必须立足于学校的现状，不能忽略学校整体发展的脉络和特点，执行过程中执行者的能力是否达到一定的水平，学校现有资源要满足方案的实施等。

（二）基于国家课程

实施方案就是国家课程如何在学校得以实施的方案，因此制定实施方案必须与学校层面国家课程的最大化落实紧密联系，方案是学校层面国家课程的实施方案，以落实国家课程为载体，最终指向实现学校自主发展，促进学生全面发展。

（三）基于学校发展

在本文的第一大部分，就多次谈到，新课程要求学校改变传统的被动管理模式，向主动型的校本管理模式转变。显然，学校制定课程实施方案不仅是新课程赋予学校更大自主管理空间的体现，而且必然考虑到校本发展，由此可见，制定课程实施方案要与学校愿景保持一致，不偏离学校发展方向，致力于学校发展。

(四)基于学生发展

教育就是培养人的活动,学校是真正发生教育的地方,学校教育自然功不可没。学校的一切活动都是以"促进学生发展"为最终目标,因此学校制定课程实施方案,必须考虑到学生发展的差异性、学生的兴趣、认知特点,以及目前的学习现状,实施课程方案将对学生产生哪些预期影响等。

二、实施方案的内容

(一)制定教与学的政策

政策一词在字典是这样解释的:政策是从多种替代方案中选出一种行动的途径或方法,鉴于现实情况去引导或确定当前及将来的抉择。学校教与学的政策就如"公共地图"指导学校一切教学活动,是学校层面对所有课程及相关教学活动,在民主基础上所作的整体政策性的规定。制定教与学的有效政策必须明确以下几个问题:学校教与学的政策与国家课程标准之间存在什么样的关系?学校教与学的政策是一般性的还是具体性的?学校教与学的政策如何形成及构成要素是什么?

学校教与学政策的制定,其形成过程与构成要素紧密相关,符合学校绝大多数人发展意愿的政策,不仅有利于学校成员释放能量积极行动,而且有利于课程方案实施和学校层面落实国家课程。

(二)行动计划

学校教与学的政策,作为学校层面的一般性的政策,是对学校教与学的活动总体性的规定和导向。但是如果制定政策,没有行动的配合,那么学校仅仅只是拥有政策,无法实现制定政策的最初意图,学校层面实现国家课程与促进学生发展就只能是空谈。如果说制定政策只是一部分的工作,那么执行政策付诸行动那就是学校所有人的团体合作。由此可见,学校在制定"学校教与学的政策"的基础上,必须对行动计划作具体性的描述,即有必要在一般性的政策指导下,提供具体性的政策,以便课程实施方案更具有可操作性。学校教与学的政策就好比一个蕴含学校意图的"公共地图",但是在教师执行时因认知能力与知识结构的差异,在课堂实践中创造性的呈现"私人图像",有些可能偏离了政策的初衷,因此需要进一步具体的行动计划来指导。

行动计划主要包括以下内容:描述出为完成目标所必须完成的活动,阐述这些活动之间的关系,把具体的任务分派给具体实施活动的个体,确定时间结构表和活动、事件的顺序表,评价的过程。学校的领导即使具有充分的时间和能力,也不可能靠一个人或某一小部分人就可以对方案的实施大包大揽。如果学校每一个相关人员都努力工作,将个人才艺和创造性投入到方案实施行动中去,做到责任到人,有效管理与团队合作,必将形成一种积极向上的工作氛围,最大限度地促进学生全面发展。

此外,行动计划还应该满足以下几个条件:①以"学校教与学的政策"为主线,立足于学校实际,建立在对学校SWOT态势分析的基础上,且不能脱离学校的能力范围,计划是可达到,可实现的。②对具体工作的描述在保留一定空间的基础上应该具体化。每个部门应该制定出相应的工作方案,做哪些主要工作,何时完成都应该有具体描述,具体到责任到人,工作到位。③具体的工作要量化,具有一定的成功标准,便于测量和评估。④行动计划要得到学校成员的认可和赞同。心理上接受认可才会积极配合行动。⑤对行动计划要有时间限制,分阶段实施每个阶段的任务,有步骤地向目标迈进。

三、课程结构和组织

学校教与学的政策与行动计划制定后,学校需要在此基础上对目前学校存在的课程结构与组织进行修正。根据学校现有的课程特点,以国家课程为标准,结合国家课程设置与结构,对现有课程进行重新统整与规划,提供适切的课程,试图实现学校层面落实国家课程。在本文的第一大部分对国家新的课程结构设置已做了详细论述,涉及包括综合实践活动在内的八大学习领域,学校应该以此为参照,从以下三个方面入手展开工作。

(一)课程设置

新课程改革中,国家课程对学生学习科目和学习领域均已做了明确规定。九年一贯的义务教育课程设置与普通高中课程设置在小有差异的基础上大致趋同。

义务教育阶段课程基于学生认知水平的特点，未涉及技术学习领域，此外基本一致。以普通高中课程设置为例：高中课程设置了语言与文学、数学、人文与社会、科学、技术、艺术、体育与健康和综合实践活动八大学习领域，每个领域都对应相应的学科，每一学科又分成若干模块，模块之间既相互联系，又反映学科内容的逻辑联系。此外，还有学分的要求，有必修学分和选修学分之分，必修模块和选修模块之分。学校必须基于国家课程的设置要求，考虑学生发展的多元化需求，处理好国家课程、地方课程和校本课程实施之间的关系，在确保实现国家课程的前提下，不忽略地方课程与校本课程的落实。

若干科目组成某一学习领域，但是不同的年级课程设置是有差异的。哪些科目是跨年级的？哪些科目是到了某一年级才开始开设的？哪些科目是跨学科课程？哪些科目是只需要独立教学就可以完成的？哪些课程是需要模块教学，其特点是知识点相对集中有一定的时间限制，是否可以作为其他的科目的某一个单元或一个方面，怎么样设置更具合理性？"综合实践活动课程"作为由学校自主开发的国家课程，学校如何设置这一特殊课程，如何在实现这一特殊课程的同时兼顾校本课程？处理好课程设置方面的相关问题，重新规划学校课程，对学校实施国家课程至关重要。

（二）课时安排

在学校课程设置脉络清晰的基础上，课时安排就是不同科目在教学时间上的规定。如何合理有效地安排各个科目的日教学时间、周教学时间、学期教学时间、学年教学时间？前提是对学校目前日教学时间、周教学时间、学期教学时间、学年教学时间进行全面分析。

在作课时安排时首先要考虑国家对具体科目的教学课时标准是什么，其次要考虑学校其他特殊事件所占用的上课时间，而这些事件是偶然性的且未列入课时计划内。比如学校组织的校外参观、合作学习、学校阶段性的评估等。

（三）课程组织与教师的学科知识

课程组织即对构成教育系统或学校课程的要素所作的安排、组合和排列，主要包括教学计划与方案、学习材料、学校设备、教师的专业知识以及评价与检查体系的要求。也有专家认为课程组织就是在一定的教育价值观指导下，将所选出的各种课程要素妥善地组织成课程结构，使各种课程要素在动态运行的课程结构系统中形成合力，以有效地实现课程目标。课程组织包含学习者、教师、教材和环境。在课程一定、教学时间一定的情况下，如何有效地实现课程目标，与教师理解课程、驾驭课程教学的能力、学科知识和专业水平是分不开的。教师学科知识可以从深度和广度两个维度来理解，深度即对本学科知识的专业化程度达到了一定的高度，广度即对与本专业相关的外延性知识掌握得较多，知识面很广，这些都有利于教师理解课程、调动更多的课程资源、设计课程内容、组织课堂教学，实现课程目标。教师学科知识与课程组织密切相关。

四、工作计划

学校工作计划与"学校教与学的政策"都被专家和学者描述共同推动学校发展的"发动机"，后者是针对整个学校的发展而言，是基于实施国家课程考虑的基础上对学校发展的整体规划；前者的重点则是学科建设和落实，对学科领导的工作有了更高的要求。工作计划主要回答的是具有一定的专业知识与技能的教师所提出的问题：对不同年龄阶段的学生应该授予什么样的知识与技能？在教学材料的选择上应该基于什么标准？教学顺序上有什么样的要求？由此可见，一所学校仅制定教与学的政策是远远不够的，更需要每一门学科都制订本学科独立的工作计划。

一个具有可操作性、指导性的年工作计划或者学期工作计划可以清晰地呈现出学校课程的主要特征，此外工作计划涉及的具体细节有工作范围、目的性学习、特定时期的评估等。制订工作计划的主要意图就是确保国家课程全校范围内适切地落实，课程实施达到国家课程的基本要求，确保国家课程在学校层面的实施要有一定的进展、连续性、平衡性，满足学生发展的多元化需求。工作计划不仅可以为长期、中期和短期的课程规划提供基础，而且可以帮助教师调整教学顺序和创造性地设计课堂教学。

五、评估

课程实施过程中，评估工作必不可少。根据一定的评估策略，记录、报告、采集并分析相关数据，在分析有效信息与学校实际的基础上，进一步改进目标，确保学校发展方向与国家课程的有效实施。有些学校有专门的评估人员，全面负责学校评估工作，同时学科领导也将会协助这一方面的工作。大多数学校倾向于学科单独评估工作，而不是学校教与学政策或工作计划统一原则下的评估、记录与报告，因为学科特点决定学科评估必然存在差异性。学科单独评估可以帮助教师根据不同学科特点采用相应的评价方式，进一步指导教师在什么时间、采取什么形式、如何评价和记录学生的学习进展情况，并向学校、家长和上级教育部门报告相关信息，此外评估工作还应该让学生明白他们在对自己的学习进展评价过程中扮演什么角色，发挥什么作用，以体现评估的民主性，目前一些学校已经采用既经济又有价值的学生参与评价形式。

综上观之，教育评估对参与的教师及其他工作人员来说虽然费时但非常有价值，因为评估过程中一些细节和有效信息的及时反馈能很好地促进教师改善课堂教学，以保障教学的实效性。

第五章 校本课程建设特色化：学科育人的聚焦

第一节　学科拓展课程

一、系统建构学科拓展课程的基本框架

学科课程学习主要以教材等为载体,通过课堂教学的形式实现育人目标,而学科拓展课程是学科课程的延伸,它主要围绕学科课程,通过综合性学习的方式,实现综合育人目标。

（一）学科拓展课程架构的原则

1. 素养导向原则

以"培养全面发展的人"为核心,依据中国学生发展核心素养的六大素养十八个要点,综合设计课程内容,培养学生的文化基础、自主发展和社会参与能力。突出小学阶段的基础性特点,培养学生全面发展的基础素养。

2. 系统设计原则

顺应认知规律与年段特点,小学六年系统设计,体现课程目标、实施方法的整体性与差异性的统一。

3. 贴近教材原则

围绕教材和学科培养目标进行拓展是学科拓展的重点。这一方面有利于学科课程更加丰满,更加开阔,更加有趣;另一方面可以避免无序拓展,加重学生负担。

4. 基于校情原则

课程能否得到有效实施,学校的文化传统、师资状况、环境设备、学生基础都有很大关系。选择有一定基础的内容与师资先行先试,然后逐步拓展延伸,有利于课程的整体构建与实施。

（二）学科拓展课程的内容与时间安排

1. 依据学科特点设计课程内容

以语文学科为例。语文学科围绕阅读思维、德性养成、视野拓展、文化

渗透等素养目标，设计了九个方面的具体内容。

（1）阅读训练。主要指按语文要素进行阅读练习、读写结合方面的训练；

（2）阅读欣赏。主要是指美文欣赏、经典文章赏析，提升学生的语言审美能力；

（3）主持演讲。主要是训练学生的语言表达能力、即兴演讲能力，中低年级以讲故事、朗读为主，中高年级以演讲与即兴演讲为主；

（4）趣味语文。引领学生感受汉语言的独特魅力，主要包括谜语、藏头诗、对对子、对仗、韵文、歇后语以及小古文等学习；

（5）硬笔书法。主要是在写好汉字的基础上，把字写美观，有速度、有变化，感受汉字及其章法的形态美；

（6）影视欣赏。主要是对经典影视的观赏，让学生受到影视艺术的美学熏陶；

（7）名胜古迹：主要是通过视频、文字去领略中外名胜古迹，开阔学生视野，对学生进行历史、文化、艺术、文学等方面的教育；

（8）传统文化。主要指中华优秀传统文化，包括《三字经》《弟子规》《论语》等经典文化学习，培育学生的文化认同；

（9）异域文化。主要指引领学生感受中国少数民族文化、外国民族文化，拓宽学生的知识视野，培育文化包容精神与国际视野。

2.学科拓展课程的时间安排

参照国家课程计划的安排方法，在课时总量之内，根据年段认知目标、内容权重考虑课时安排，并留有一定的自主学习时间。目前是按照每周1~2个课时来安排的。同样的内容，在不同年级课时安排也体现差异，比如语文学科拓展课程，低年级识字任务重，写字硬笔书法课时相对多一些；异域文化在高年级安排相对多一些。

二、师生双向自主实践的拓展课程实施路径

（一）学科拓展课程的实施原则

1.不编教材、不考试

有别于日常的学科教学，学科拓展课程的目标在于培养兴趣、拓宽视

野、强化实践、丰厚文化等基础素养,且大多为隐性、长远发展目标,因此,学校不编教材、不考试,而是倡导教师使用现有资源,增强内容的选择性和丰富性。

2. 突出学生的自主学习

学科拓展活动内容丰富,在有限时间内实施有一定的困难,要积极鼓励学生用好课余时间,通过多种途径掌握资源,开展自主先学先研活动。教师在课堂上要通过多样化的方式组织研讨交流,及时点拨深化,不必过分追求全体学生"齐步走"。

3. 鼓励多元的评价方式

因为拓展性课程没有考试,教师更要通过多种形式让学生展示学习成果。无论是技能获得、认知深化、情感转化等学习收获,还是学习过程中展现出的主动参与、合作探究、质疑问难以及良好学习习惯等,都是值得肯定的。教师还要善于收集整理学生学习的过程性资料,进行阶段性的评价,努力促进长远性目标的达成。

(二)时间安排的刚性与弹性

学科拓展课程不属于国家强制性课程,教师需具有"培养全面发展的人"的理念意识,增强主动实施拓展课程的责任感和使命感。为防止教师"虚晃一枪""走马观花",学校制定了"刚性"与"弹性"相结合的要求。"刚性"就是学校层面加强监督检查,保证课程实施的时间和效果。"弹性"就是在时间上可以前后适当调整,便于教师借鉴其他教师和班级的经验做法;方法上可以自主选择,发挥教师自身优势。

(三)研制校本实施方案,让教师有案可循

学科拓展课程类似于学科综合实践活动,我校参照科学综合实践活动的实施办法来制订实施方案。方案以主题为单元进行设计,包括学习目标、学习内容、学习资源、时间安排、实施建议和评价建议六个方面。本着共建共享的原则,学校引导每一位教师参与课程建设,共同制定实施方案。所有学科拓展内容的实施方案共同构成本学科的拓展课程实施方案。目前,我们已经完成语文学科的影视欣赏课程方案,包括课程的总体目标、24 部中外影视作品年级安排,以及具体的每一部影视作品的课时目标、资源路径、实施建议、评价建议等。其他各项目课程的实施方案正在研讨设计之中。届时,学科拓展课程实施方案将人手一册,为教师实施课程提供行动指南。

第二节 综合实践活动课程

一、综合实践活动课程的特点

(一) 综合性

综合性实践课程就是对各种学科进行整合，而不是某一知识的测验式整合。教育目标具有综合性，不是单一锻炼精神、意志、意识等的培养，更加侧重于综合能力。例如，在培养法律意识时，需要进行引申与拓展，体现出国家主流价值观。此外，在时间与地域上进行整合，充分体现活动的综合性。有些需要考虑不同季节，有些需要整合校内外资源、人文资源以及社会资源等，基于不同维度将综合性全面发挥出来。

(二) 实践性

第一，综合实践活动的形式上来看，通过组织活动，增加学生的体验感，实现感性认知，对价值观与道德观进行洗礼与重新构建，做一个三观正的人才。第二，综合实践活动在内容上来看，通过与学生相关的生产生活活动，如劳动、技术、科学实验等方面，切实从学生出发，发挥综合实践活动的价值。

(三) 开放性

开放性与封闭性是相对而言的，打破传统、固定、统一的理念，设计具有开放性的综合实践活动，让学生尽可能灵活、开放地选择活动领域、具体实践、活动结果等，改变以往眼界狭隘地聚焦在某个具体知识的要求，有利于学生思想力与创新力的培养。也就是对于综合实践来说，最终的活动答案并不是确定的，而是具有灵活性，教师也不提前预设活动结果。整个活动都是在参与、解决过程中实现的。

(四) 自主性

综合实践活动相较于其他学科的要求与性质截然不同，基于学生的思维特点出发,需要学生自由积极地参与活动,开动脑筋动手尝试,在探究中找到答案,完成教师指定的任务。整个综合实践活动充分体现了自主鲜明的活动特点,更具吸引性,学生的参与度也会明显提升。

二、综合实践课程的实施策略

(一)加强学习,提高教师自身素养

教师是活动的组织者,起着引导的作用,活动实施的效果与教师自身能力息息相关,因此作为教师首先要做的就是加强这门课程理论知识的学习,理解其中蕴含的价值,树立正确的教学观,才能全身心投入到教学活动中。对于综合实践活动课程来说,与其他学科具有较大的差异,对教师的要求也有所不同,更加侧重于学生能力与素养的培养,要求教师明确引导角色,不断地提升自身的专业能力,以高素养高水平的能力来组织与指导活动。其次,要求教师具有学习意识,自主地参与自学与培养,树立正确的学习观,为综合实践活动的有效性展开奠定基础。例如,自主学习、参与培养、学习其他有经验的教师等。再次,以创新意识全面贯穿于整个实践活动中,教师首先要有实践能力和创新意识,不断地学习,以其促进自身的专业成长。作为教师首先要树立正确的理念,将终身学习作为一直进步的动力;同时向其他优秀教师学习,取长补短,在不断地反思中提高实践与创新能力。最后基于教学实际出发,组织并参与研讨活动,确定研究课题、制作课件、参与论文比赛等。在此基础上不断地实践,将理念与实践全面结合起来,促进教师专业成长。

(二)从不同维度出发,确定活动主题

1. 创设情境,引导问题生成活动主题

在实践教学时,如何引导学生自主参与并生成活动一直以来是综合实践课程教学的重点,引导学生自主生成活动主题是活动的重点,相较于教师直接提出,更具启发性与趣味性。因此抓住课程导入阶段,基于学生的兴趣与知识经验出发,为学生创设情境,将与之相关的图片、视频等作为资源营

造情境，在新课导入的同时，引导学生亲自参与并感知，促进学生的思维发展，产生怀疑与创新，关注学生的情感体验，提升学生的参与性。同时作为教师要尊重学生的想法，不要简单地否定，维护学生的参与积极性，引导学生从中找出适宜作为实践活动的主题。例如，在进行"新疆美食"综合实践活动时，教师并没有直接说出活动主题，而是先展示图片，请同学们结合板书来引出新疆这一文明古地，结合各个地区的美食风貌，拓展到新疆有哪些美食。教师基于学生熟悉、贴近学生的主题出发，然后进行不断地引导，实现主题的攻克，由学生自主生成与参与的活动主题，更具有效性。

2.结合实际，拓展活动主题

综合实践课程的展开，首先需要确定主题，这就要求教师具备自身的课题开发能力、合作交流、组织协调等能力。作为教师要将课题开发作为自身的职责，在日常学习注意学生生活与学习的观察，整合成研究课题；站在家长的角度来拓展主题活动的制定。

（三）以小组合作的形式，展开综合实践活动

实践活动要充分发挥学生的自主性与参与性，可以采用小组合作的方法，在生生交流与互动中，激发学生思维，在浓厚的求知欲与不断求证中，实现教育主题[①]。首先，要求教师科学合理的分组，以"组间同质，组内异质"为原则，同时还要保障小组的成立在学生自愿的基础上展开的，不但可以优势互补，同时也实现了小组成员的合作主动性，促进全体小组成员能力的提升。同时需要明确的是，分组时不能简单地以学科成绩作为唯一标准，需要充分考虑不同学生的特长、经验与能力，才能实现培养学生综合能力的目标。最后，可以基于活动主题设计若干小主题作为每个小组的活动内容，教师发挥指导作用，引导学生制订活动计划。

（四）结合主题，科学选择研究方法

在综合实践活动的具体展开中，研究方法并不是单一固定的，结合实

---

① 孙旭景.初中综合实践活动课程教学资源开发与利用的调查研究[D].石家庄：河北师范大学，2020.

际情况选择观察法、分析法、调查法、实验法、访谈法等。作为教师提前将实践活动所涉及的方法进行讲解与渗透,帮助学生选择科学适宜的方法。例如,为了进一步了解心理活动,就可以用访谈法、问卷法;当研究涉及观察者的行为习惯时,可以采用观察法,以此为基础进行分析,找到行为习惯规律;如果涉及事物相关研究时,就可以运用动手实践法,来验证猜想,找到问题解决的方法。

(五)给予自主权,尊重学生的交流形式

活动丰富多样、开放性的特点,产生的结果也不是唯一固定的。在综合实践活动课上教师要给予学生一定的自主权,从不同维度思考问题,由于学生的个体差异性,在探究中的想法与结果也存在明显的区别,在成果的交流与展示方面也各不相同。例如,黑板报、手抄报、活动心得、总结报告的形式;也可是图片、视频的形式;可以是口头形式,也可是书面形式等。作为教师要给予学生自由,尊重学生的选择,正确对待学生的独具特色的感受与体验,促进学生个性化发展。

(六)以报告形式,展示综合实践活动成果

随着活动的实施与推进,成果展示也要更具专业性,其中研究报告与调查报告,对学生来说,可以考查与体验学生的综合能力。教师需要提前对有关报告写法进行指导,经历收集资料、整理筛选、归纳加工、分析探究、总结成果的过程,最后以报告的形式展现出来。在报告形成的整个过程中,有利于学生各个方面能力的培养。例如,整理资料,有利于学生信息搜集、深化认知能力的培养;整理到分析,有利于学生提出问题和分析问题能力的培养,充分地感受自己探究与成长的过程,体验实践活动的乐趣。

教师将如何发挥实践活动的价值作为研究的主题。通过对综合实践课程活动的具体实践策略进行研究,以期实现课标要求,促进学生能力与素养的提升。

第六章 国家课程校本化实施学科育人实践案例

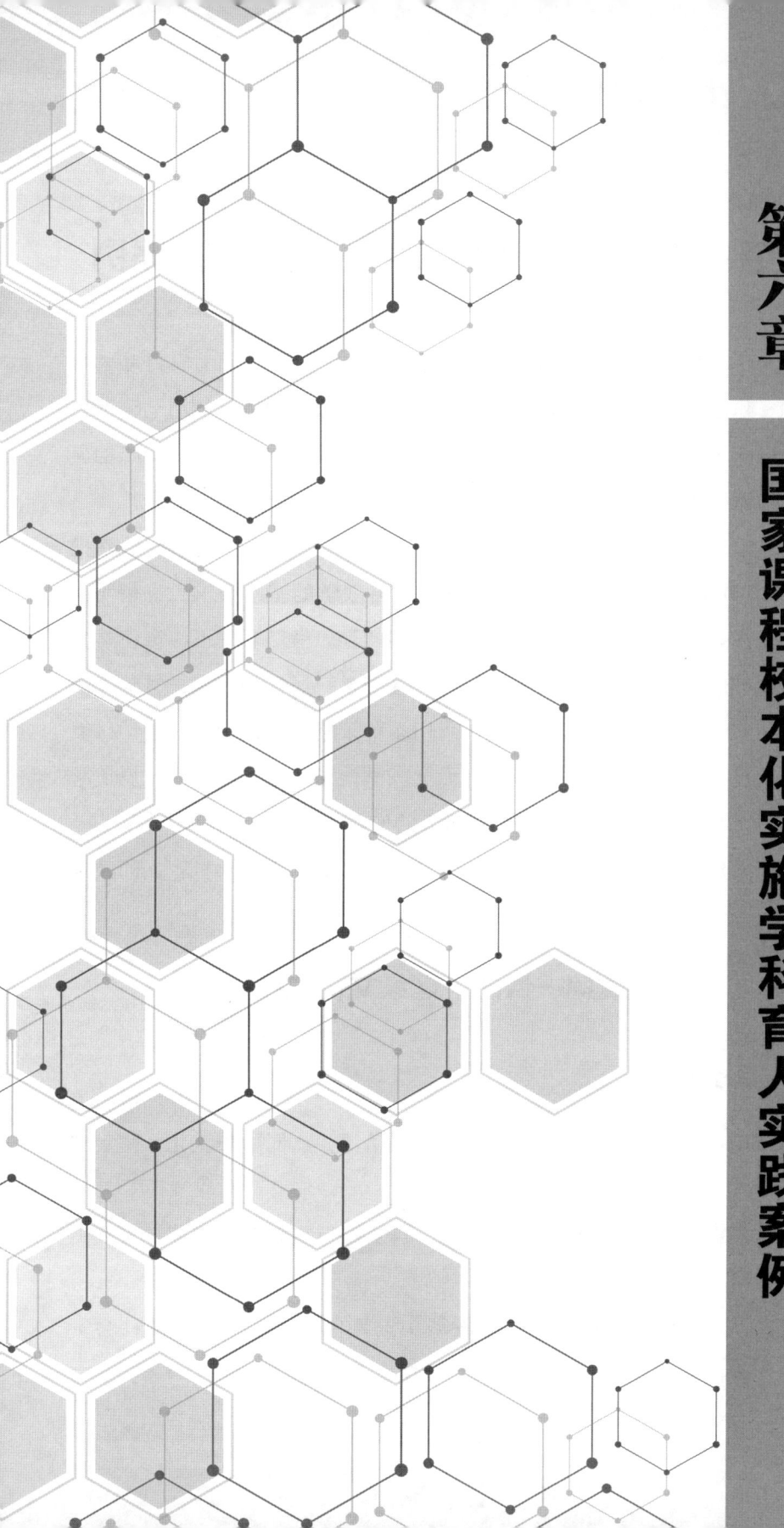

第一节　初中道法课程实施学科育人实践案例

道德与法治课程是一门是以学生的生活为基础，以培养具有良好品德与行为习惯、乐于探究、热爱生活、具有法治意识的儿童为目标的活动型综合课程。近两年教材也在改编、重组、梳理，使得课程的内容涵盖广、结构灵活性大、知识领域宽。

新时代新形势对我们的教育和学习提出了更高的要求。我们要始终把"立德树人"作为根本点和出发点，这既是学科教学的基本要求，也指明我们的教学关注点并不仅限于知识的掌握，更多的是思考新时代下应该将学生培养成什么样的人、怎样培养、为谁培养？基于学科属性和特点，教师应该不断学习，与时俱进，拓展多方路径、采用多种策略开展道德与法治学科教育，以此提高学生的道德素质发展，进而促进学生核心素养的提升，肩负起新时代中国特色社会主义的建设者和接班人的使命。

本节以《延续文化血脉》为例，阐释初中道法课程实施学科育人的教学路径。

第五课第一课时　延续文化血脉

【教学目标】

政治认同：体会中华文化源远流长与博大精深，认同中华文化，坚定文化自信。

道德修养：了解传统美德内涵与价值，自觉践行良好个人品德、家庭美德和社会公德。

责任意识：引导学生进一步增强发展中国特色社会主义文化的社会责任感。

【重点难点】

重点：中华传统文化、传统美德的内涵；增强文化自信的原因及做法。

难点：弘扬和传承中华优秀传统文化和传统美德、增强文化自信。

〖温故·习新〗延续文化血脉

第一目：中华文化根

1. 中国特色社会主义文化内涵、特点、价值？

2. 坚定文化自信的原因？

3. 如何坚定文化自信？

第二目：美德万年长

1. 中华传统美德的内涵是什么？

2. 为什么要传承中华传统美德？

3. 如何践行中华传统美德？

【研讨·拓展】

活动一：探寻文化

（一）文化特点

观看2022冬奥开幕式集锦思考

新闻链接1：中国人的浪漫

北京冬奥会，全要素、创新性地向世界展示了中华文化的博大精深与独特魅力。从开幕式上以二十四节气的形式倒计时，到"黄河之水天上来"的磅礴气势；从以熊猫和灯笼为原型的吉祥物，到颁奖花束上的非遗技艺；从把《千里江山图》制作成赛场上的形象景观，到冬奥村里的中医诊疗；从迎客松，折柳送别……冬奥盛会上，中国文化元素大放异彩，"中国式浪漫"浸润人心，让不少人惊呼"世界可以永远相信中国美"。"中国风"托起"冬奥范"，一次又一次惊艳世界，也释放着厚重的文化自信。

新闻链接2：中国文化引外国运动员花式点赞

北京烤鸭、宫保鸡丁、麻辣烫、饺子……不可辜负的中国美食，让外国运动员们很"上头"。当冬奥遇上元宵节，猜灯谜、观看舞龙舞狮、剪窗花样样不落，仪式感满满的冬奥之旅让外国运动员们不禁感慨："能体验到中国的传统文化，太棒了""十分有趣"……

1. 2022年北京冬奥会为世界展示了哪些文化元素？

二十四节气、古诗词、熊猫和灯笼、《千里江山图》、中医诊疗、迎客松，折柳送别、北京烤鸭、宫保鸡丁、麻辣烫、饺子、元宵节，猜灯谜、观看舞龙舞狮、剪窗花。

2. 思考：这些文化如何产生？

各族人民用勤劳智慧创造灿烂的文化。

3. 这些中国文化元素说明了中华文化有什么特点？

源远流长、博大精深。

4. 冬奥开幕式为什么能精彩呈现在世人的眼前？

冬奥会展现出中华文化具有与时俱进的创造力，海纳百川的包容力。

（二）文化作用

"让文物活起来"是文物工作在新时代的一项新课题。我国拥有不可移动文物76.7万处，世界遗产56项，全国重点文物保护单位5058处，……"互联网＋中华文明"行动计划培育跨界融合发展新业态，云展览、云教育、云直播不断拓展博物馆文化服务辐射范围。从《国家宝藏》到《中国考古大会》，从《我在故宫修文物》到《假如国宝会说话》，文物在新时代与教育互动、与科技联姻、与创意嫁接、与旅游融合，不断满足人民对美好生活的向往。

为什么要保护文化遗产？（文化有什么价值？）

（1）文化是一个国家、一个民族的灵魂。

（2）中华文化积淀着中华民族最深层的精神追求，代表着中华民族独特的精神标识，为中华民族的伟大复兴提供精神动力。

（3）中华文化增添了中国人民和中华民族内心深处的自信和自豪。

活动二：增强文化自信

北京冬奥会会徽和吉祥物中的中国文化元素，体现了中华文化独一无二的理念、智慧、气度、神韵，增添了中国人民和中华民族内心深处的自信和自豪。请问：

（1）什么是文化自信？

（2）坚定文化自信有何意义？

（3）材料启示我们如何坚定文化自信，不断铸就中华文化新辉煌？

文化自信是对自身文化价值的充分肯定坚定信念；文化自信事关国运兴衰、文化安全和民族精神的传承发展。坚持马克思主义指导，推动优秀传统文化创造性转化创新性发展，继承革命文化，发展社会主义先进文化，不忘本来，吸收外来，面向未来。

思考：北京冬奥会开幕式融入中国传统文化元素有什么意义？

①有利于弘扬源远流长、博大精深的中华文化。

②有利于传承中华优秀传统文化，增强民族文化认同感，坚定文化自信。

③有利于提升中华文化的国际影响力，提高我国文化软实力，建设文化强国。

④有利于推动中华优秀传统文化实现创造性转化和创新性发展。

⑤有利于促进中外文化交流，推动中华文化走向世界。

【反馈·提炼】

1.（2022年广东）近年来，我国博物馆利用新媒体、新技术开展"云展播"，结合馆藏文物开发文创产品，不断创新展示和传播手段，让馆藏文物"活"了起来，为文化遗产走近大众、走向国际提供了重要助力。博物馆展示和传播手段的创新（　　）1.A

①能够推动中华优秀传统文化的传承和发展

②有利于扩大中华优秀传统文化的影响力

③能够推动中外文化的融合与统一

④丰富了中华优秀传统文化的内涵

A.①②　　　B.①③　　　C.②④　　　D.③④

2.（2022年广西北部湾）5G连线开展民俗活动、云端直播歌王对决、沉浸式体验民族医药文化……2022年广西"壮族三月三·八桂嘉年华"系列活动让传统壮乡文化焕发新的生机与活力。这启示我们，传承壮乡文化需要（　　）2.D

A. 认同一切民族文化

B. 不忘本来，面向未来，抵制外来

C. 全面继承壮乡民俗

D. 推动传统文化创造性转化、创新性发展

3.（2022年河北）2022年2月4日，第二十四届冬季奥林匹克运动会在北京隆重开幕。一名儿童小号手吹响《我和我的祖国》的悠扬旋律。中国各行各业、先进模范人物、56个民族的代表，用双手将鲜艳的五星红旗缓缓传递到体育场升旗区，交付礼兵手中。全体起立，高唱中华人民共和国国歌。五星红旗冉冉升起，迎风飘扬。北京冬奥会开幕式上的这一场景（　　）3.B

①使我们真切地感受到国家尊严

②使我们真切地感受到科技力量

③激发起我们强烈的国家认同感

④激发起我们强烈的文化优越感

A. ①②　　B. ①③　　C. ②④　　D. ③④

4.（2022年湖北武汉）诵读红色家书、表演红色课本剧、寻访红色教育基地……近年来，武汉市中小学开展丰富多彩的主题教育活动，引领学生在实践中学习党史。这些活动（　　）4.A

A. 有利于传承革命文化，发展社会主义先进文化

B. 反映了红色文化源自中国特色社会主义伟大实践

C. 能够满足人们各种文化需求，实现社会主义文化繁荣

D. 体现了武汉市以文化建设为中心，大力推进文化发展

5.（2022年湖南郴州）"走遍五大洲，最美有郴州"。由我市创排的红色现代昆剧《半条被子》惊艳第七届湖南艺术节，这是已有1600年历史的昆

曲对红色长征故事《半条被子》进行发掘、整理、创作出来的。目前该剧已成为推介郴州、宣传湖南，展示中华优秀传统文化、演绎红色故事的精美名片。这体现了中华文化（　　）5.D

①博大精深、源远流长　②具有应对挑战、与时俱进的包容力

③海纳百川、有容乃大的创造力　④薪火相传、历久弥新

A.①③　　　　B.②④　　　　C.②③　　　　D.①④

6.（2022年江苏泰州）2022年2月至3月，北京冬奥会、冬残奥会成功举办。这既是一场体育盛会，也是一场文化交流盛会。冰墩墩、雪融融、"二十四节气"倒计时……这些中华优秀传统文化与现代科技完美结合的"中国式浪漫"，向世界诠释了中华文明的自信、友好和独特魅力。这让我们感受到（　　）6.B

A. 中华文化是推动人类文明进步最为重要的动力

B. 我国优秀传统文化的创造性继承和创新性发展

C. 多样的外来文化与冬奥精神相融共生的创意性

D. 文化多样性是实现文化创新发展的前提和基础

7.2020年3月12日，中国驰援意大利专家组带去了两种中药：连花清瘟和金花清感。中医药学不仅是中国古代科学的瑰宝，也对世界文明进步产生了积极影响。大量事实证明，中西医结合非常有效。

请从文化的角度，谈谈我国中医药走出国门的意义。

提示：①中医药是中华文化源远流长、博大精深的具体体现。

②中医药走出国门，有利于学习和借鉴优秀外来文化。

③继承优秀传统文化，推动中华优秀传统文化创造性转化，创新性发展。

④增强我国文化的国际影响力，增强文化自信。

第二节　初中语文课程实施学科育人实践案例

教育的根本任务是育人，学科教学是育人的主阵地。语文作为一门充满人文色彩的学科，字词句章、人类文化、人物品质、伦理情感等都拥有丰富的育人价值。《义务教育语文课程标准（2022年版）》指出，义务教育课程应围绕立德树人根本任务，充分发挥其独特的育人功能和奠基作用。结合统编初中语文教材，我们将语文学科育人要素分为国家意识、文化认同、人格养成、生命教育。学科育人是国家意志的体现，更是新课标的要求。教师必须有强烈的育人意识，深入解读文本，挖掘教材的育人价值，实现教学内容与育人的自然融合。此外，还要结合社会、学校、家庭等生活实际，实现育人与生活的自然融合。需要注意的是，教学中要淡化育人痕迹，通过组织形式多样的活动，让学生在听、说、读、写、演、讲、思、辨等活动中，不知不觉地受到熏陶、感染、内化，从而潜移默化地实现育人目标。

本节以《狼》为例诠释初中语文课程实施学科育人的教学路径。

晚归遇狼，屠夫大窘
——《狼》

一、导入：读一读奇文

《聊斋志异》是一部奇书，包括鲁迅、莫言等许多文学大师都或多或少地受到《聊斋志异》的影响。《狼》就是选自这《聊斋志异》奇书，今天我们就来读一读这奇文，讲一讲这奇事，品一品当中的奇人，悟一悟这奇理。

二、讲一讲奇事

（一）复述故事

请一位同学以"屠户"的视角，用第一人称复述故事，注意要讲得生动形象。

（二）惊险在哪

宸语把这个故事讲得非常生动形象。大家能不能用一个词来形容这个屠户的遭遇。凶险、惊险。具体惊险在哪？在文章中找到依据。我们一段一段来看啊。首先，第一段哪些地方体现了惊险？

1. 晚归。怎么就说明凶险了？如果是白天这狼不一定敢出来。另外，晚归说明这个时候行人比较少，屠夫势单力薄，只能壮胆而行。

2. 独自一人。老师改一下：一屠晚归，相伴而行。有没有什么区别？如果是两个人的话，这狼可能会有些忌惮，不敢那么猖狂。

3. 担中肉尽，止有剩骨。这狼可是要吃肉的，如果只有剩骨，那这狼就要吃屠夫。如果是担中肉犹多矣，这屠户直接就可以把肉给狼吃，他们吃饱了自然就不会想要吃屠户了。

4. 途中两狼。可能会前后夹击，如果是途遇一狼，这危险值就会大大降低。

5. 缀行甚远。不是徘徊不前，有所退却，而是紧紧跟了很远。

天晚独自一人回家，遇到两只饿狼紧跟着走了很远，担中又只有剩骨。确实非常凶险。当时屠夫的心情是什么样子的？屠惧。很害怕。于是，他想了个办法"投以骨"，有化解凶险吗？没有，第二波凶险再次来临。都凶险在哪里？

1. 一狼得骨止，一狼仍从。看来这狼没那么好忽悠哦。

2. 后狼止而前狼又至。确实凶险。

3. 两狼并驱如故。又像原来一样一起追赶。

这个时候的心情又是什么样的呢？大窘，大窘什么意思？非常为难。事情的危险性已经到了一触即发的地步。这个时候，屠夫又怎么办呢？顾野有麦场，积薪苫蔽成丘，乃奔倚其下。惊险就化解了吗？没有，第三波惊险再次席卷而来。体现在哪里？

眈眈相向。什么意思？凶狠地瞪着屠户，好像随时会扑上去一样。

第四段呢？一只狼正在打洞，准备从背后偷袭。

为何凶险

晚归

独自一人

担中肉尽，止有剩骨

途中两狼

缀行甚远

一狼得骨止，一狼仍从

后狼止而前狼又至

两狼并驱如故

眈眈相向

意将隧入以攻其后

我们把文章中体现惊险的地方放到一起看，这个作者是怎样去刻画这种惊险的呀？

这是一篇很厉害的小说。作者通过极尽的动作、环境、人物描写去渲染出当时的这种形式的惊险。

小结：通过环境、人物、动作让情节更有张力，体现惊险。

（三）三次摆脱

屠惧、屠大窘，形势非常严峻，但是最后屠户却成功摆脱了狼，他是怎么做到的呢？这期间他尝试了几次摆脱？怎么摆脱的？

第一次摆脱：逃跑。途遇两狼，他一上来就投骨了吗？没有，而是选择先快逃，怎么知道？"缀行甚远"，这句话是什么意思？紧跟着走了很远，狼走了很远，说明屠夫也是走了很远的。所以他第一次尝试摆脱是选择"逃跑"。

第二次摆脱：投骨。想着有了骨头这狼应该就不会再缀行甚远了吧。

第三次摆脱：杀狼。屠户尝试了逃跑、投骨，结果有用吗？没有。这狼什么反应？两狼并驱如故。于是屠户急了，他做了什么举动？暴起，以刀劈狼首，自后断其股。把两只狼都给杀了。

（你刚刚讲到的几个摆脱，都可以概括为什么？屠户投以骨，发现并没有用，两狼并驱如故，形势非常危急，再不反击就要被吃掉了，所以他决定要~杀狼）

面对狼缀行甚远，屠惧，非常害怕，于是投骨，发现并不能化解危机。他大窘，非常为难，无奈之下只能绝地反击，暴起杀狼。我们会发现，这个情节的发展一直是靠着什么推动的？心情，也就是屠户的内心冲突推动着情节一波三折地发展。这是这篇文言小说第二个厉害之处。

小结：人物内心冲突推动情节发展，形成情节一波三折的效果。

三、品一品奇人

（一）屠户

这个屠户确实不简单哦，从一开始的处于弱势，最后反转成功击败了狼。

我们再来思考一个问题，在这个过程中，屠户有没有可能没有反转失败，最后死于狼口？如果屠户怎样？屠户就可能会死？

1. 屠户恐惧、害怕，不抵抗。

2. 屠户如果不找到柴草堆，可能就会被狼扑杀。

3. 如果不趁一只狼假寐时果断劈杀，可能会腹背受敌，最后被杀。

4. 如果不仔细观察身后，也有可能被后面的狼追杀。

教师提问：让屠户成功摆脱死亡的是什么？

预设：屠户利用有利地形，果断杀狼。

小结：""

1. 屠户→机智，勇敢，果断，警觉，勇于斗争，善于斗争。

2. 从两狼缀行甚远，到并驱如故、再到眈眈相向、意将隧入以攻其后，屠户的性格也从一开始的惧怕、大窘到后面的勇敢、果断，情节的发展推动着屠户成功战胜了性格的弱点。这是这篇小说第三个精彩之处：情节是人物性格的成长史。

3. 情节是人物性格的成长史。

（二）狼

在这场人狼大战中，狼又是什么样子的？文章用哪个字来形容狼？黠。在这场人狼大战中，狼是黠兵，那它的战术是什么呢？在文章中找找依据。

1. 狼黠

缀行甚远——寻找机会

交替缀行——不为诱惑

眈眈相向——琢磨对策

正面假寐——欲擒故纵

背后偷袭——攻其不备

2. 贪婪

确实非常狡猾，这狡猾的狼有没有可能不死？如果狼，它们就可能不会死。

1. 狼如果吃完了骨头就停止了，那它们就不会死。

2. 狼如果合力正面攻击屠户，可能也不会死。

提问：是什么害死了它们？

大家刚刚都说得非常好。所以归结起来，狼如果吃完了骨头就停止了，那它们就不会死。所以害死它们的是它们贪婪的性格。而如果它们能合力正面攻击屠户，可能也不会死。只有小人才搞背后偷袭，正人君子都是正面攻击的。所以害死它们的是它们的狡诈、阴险。

小结：

狼→狡诈，阴险，狡猾，虚伪，贪婪，凶恶。

四、悟一悟奇理

最后作者怎么评价这个故事的？

禽兽之变诈几何哉？止增笑耳。

作者还想说什么？

课文中，狼虽然狡猾凶残，却被屠户"顷刻两毙"，作者借助屠户杀狼的故事还想表达什么呢?

启示:

从狼的角度:作者写狼,仅仅只是写动物狼吗?狼在此实际上是恶人的化身,代表的是那种贪婪、凶狠狡诈、愚蠢的恶人。狼是恶人的化身,作者写狼顷刻两毙,是想告诉我们什么?

一切像狼一样的恶人都是以害人始,以害己终,最后的下场是自取灭亡。

(狼本来是非常聪明的,假寐迷惑敌人,还有准备背后偷袭,结果两只狼最后又恰恰是因为这个才死的,说明什么?)

从屠户的角度:

(1)对待他们,不能存在幻想、妥协退让,必须敢于斗争,善于斗争,才能取得胜利。

(2)面对困难,要急中生智,善于用自己的智慧战胜困难。

五、对比阅读

蒲松龄总共写了三则《狼》。这第三则和课本的第二则内容写法相似,主题相同。内容相似在哪?都是讲屠户晚归遇到狼然后机智斗狼,最后化解危机的故事。主题上有什么相同的?都是赞扬屠户机智、勇敢、勇于斗争的。写法上有什么相似的呢?课本这一篇《狼》在写法上有这三个特点。第三则狼也有这里哪一种写法呢?

通过环境、人物、动作让情节更有张力,渲染惊险的气氛。具体表现在哪?暮行、一屠、逼、探爪入。在这一则里作者也是通过这种环境、动作去极尽地体现当时形势的凶险。

这是这两则故事相似相同的地方。

总结:

古代屠夫以杀生为业,在常人眼里戾气太重,是粗鄙之人,地位卑贱。在很多文学作品里,无论是《水浒》里的郑屠户还是《儒林外史》里的胡屠户,他们都是蛮横凶恶之人。但是在蒲松龄的笔下,不管是课本的第二则还是刚刚我们一起探讨的第三则,蒲松龄却都在称赞屠户。称赞他机智、勇敢、善于斗争。蒲松龄在为屠户正名。

六、课后练笔

从本文的故事情节中挑选一个场景,发挥想象,增加对人物语言、动作、心理的描写,将其改写成一则白话故事。

结束语:

《聊斋志异》里有不少写动物的小说,推荐《义犬》《象》《毛大福》三个短章,同学们课外可以进行阅读。

第三节 初中数学课程实施学科育人实践案例

数学是理性思维与形象思维的结合，是社会发展的基本需要，数学学科最初的目标是帮助人们解决生活中常见的问题，具有较强的实际应用意义。然而，目前初中数学学科教学中，更多地注重数学知识理论的教学，而实践教学内容缺乏，而且没有形成完善的实践教学体系，导致学生学习的数学知识与学生实际生活脱节，很少应用于生活。其中很多知识都和学生的日常生活有密切的联系，小到计算图形，大到立体几何、函数等等，都能帮助学生解决一定的生活实际问题，因此，教师要注重引导学生养成数学思维，用数学思维来思考生活中的一些问题，实现教育的目标。比如，在"概率"相关内容的教学中，概率与学生的生活密切相关，因此，教师要引导学生运用概率相关知识来思考生活中常见的问题，如让学生思考"键盘字母位置设置的原因"，因为是键盘字母的排列规则是根据人类对字母使用频率而设定的，将最频繁使用的字母放在人最灵活的手指位置，从而提高打字效率，这种教学模式是实践育人的必然途径。

本节以一元一次方程起始课教学设计为例，诠释初中数学课程实施学科育人的教学途径。

一元一次方程起始课教学设计

1. 认识一元一次方程（一）

一、学生起点分析

从学生的知识起点分析：学生在小学四年级对方程已有初步认识，能够初步地结合具体的情境理解方程的含义，会用方程表示简单情境中的等量关系，故学生具有一定的知识基础，但学生并没有正式地学习"一元一次方程"准确的概念。在解决实际问题的过程当中，初一的学生偏向于优先采用算术法解决，对字母表示未知量的应用并不熟练，感受不到方程解法的优越性，正处于算术思维到代数思维的过渡期中。

从学生的情感态度起点分析：初一学生具有强烈的好奇心和求知欲，对知识的渴望度高，更容易被调动学习积极性，并投入到课堂活动中。

二、学习任务分析

本节课的学习通过有趣的"成都之旅"的主题活动引入，带领学生初步感受用代数法解决实际问题的优越性，明确从算术到方程是数学的进步。接着通过对四个以成都为背景的实际生活问题的分析，学生结合已有知识，列出一元一次方程。在此过程中，学生逐渐体会方程是刻画现实世界、解决实际问题的有效数学模型。通过在前一活动中列出的具体的方程，学生自主归纳和认识一元一次方程的概念，并理解什么是方程的解。通过巩固训练，加深学生对一元一次方程概念的理解以及帮助在解决实际问题时通过经历设未知数列方程的过程，体会方程是刻画现实世界、解决实际问题的有效数学模型。

本节的重点：通过实际生活例子，体会方程的思想，经历探索从算式到列方程的学习过程；通过分析实际问题，寻找等量关系，准确列出方程，并归纳出一元一次方程的共同特点，概括出一元一次方程的概念；理解方程的解的概念。

本节的难点：归纳一元一次方程的概念；从问题的关键字句中发现和发掘等量关系，建立一元一次方程。

三、教学目标

（1）在对实际问题情境的分析过程中感受方程模型的意义，体会方程思想；体会相比于算术法，代数法在解决实际问题上具有的优越性。

（2）通过归纳的方式概括一元一次方程的概念，并在概括的过程中体验归纳方法；让学生体验和经历概念的形成过程。

（3）通过分析实际问题情境的活动中，引导学生借助文字信息、示意图、图表等寻找等量关系，能设立恰当的未知数，建立简洁的方程模型，体会数学与现实的密切联系。

（4）结合学生身边的生活情境以及数学史，激发学生的学习兴趣，让学生通过文化层面理解数学，喜欢数学，发展学生的数学核心素养，增强学生的民族自豪感和爱国情怀。

四、教学过程设计

本节课内容的学习是以"小川老师去四川成都旅游"的故事线为背景。从小川老师坐飞机落地机场去酒店到他在游景点，品美食的过程中，他遇到了些许生活中的数学问题。教师通过将学生定位为成都本地人，以及创造学生与该人物的互动设计，让学生身临其境。教师在引起学生学习兴趣的同时又能促使学生利用自己的数学知识帮助该人物解决生活中的实际问题。教师在引导学生解决问题的过程中，引入新知并和学生一起探索新知。

环节一：情境引入

问题一：酒店安排了5人座和7人座两种车接送住客。已知两种车共7辆，刚好可以接送完41位住客，请问5人座的车有多少辆？

师生活动：

（1）教师阐述情境发生背景，并通过播放飞机降落视频，成功将学生带入"落地成都"的真实情景当中。

（2）教师邀请学生解答问题一。

（预设：将对于问题一，学生有可能用算术法（如，列举法）解决，过程烦琐一点。也有可能采用代数法列一元一次方程或列二元一次方程来解决，比较方便直接）。

（3）教师板书学生提出的可能方程：

如：$5x+(7-x)\cdot 7=41$ 或 $7x+5\cdot(7-x)\cdot 7=41$ 或 $\begin{cases} x+y=7 \\ 5x+7y=41 \end{cases}$

设计意图：创设轻松愉悦的课堂氛围，提高学生的学习兴趣。

问题二：小川老师入住酒店的房间号是一个三位数，已知百位上的数比个位上的数大4，十位上的数比个位上的数大2，若将百位上的数与个位上的数调换，则原数比新数的2倍小183。请问你知道房间号是多少吗？

师生活动：

（1）教师引导学生回答问题二

（预设：对于问题二，用算术法解决很复杂，采用代数法列方程来解决问题很方便直接）

（2）教师展示学生用列方程解决问题的答案。

（3）教师引导学生比较两个问题采用的方法，引导学生认识到方程在解决问题时的优越性。对于算术法和方程法，学生谈体会，教师辅助阐述代数法列方程思维的优势以及学习方程的必要性。

设计意图：通过对现实问题的解决，引导学生对比算术法和代数法，从而体会代数法在解决问题上的优越性，帮助学生建立方程的初步意识。

教师：从算术法到用字母表示未知数的代数法列方程，是我们从小学数学到初中数学的一大飞跃，也是人类史上的一大进步。在算术法中，列出的式子表示解题的计算过程，式子里只含有已知数。在代数法列方程中，列出的式子表示等量关系，式子里既含有已知数又含有未知数。

方程是我们解决问题的重要方法和模型，它更直接，更方便，更具有优越性。所以今天这趟旅程我们就来进一步地研究方程。（教师板书"方程"）

问题三：小学阶段，我们已经学过方程的定义，你能说说吗？请举出方程的例子。

师生活动：

（1）教师引导学生回顾小学学习的方程的定义和概念：方程是含有未知数的等式；

（2）学生给出"方程"的例子，教师指导并根据具体情况适时给出特例，包括一元二次方程、分式方程以及非方程的例子让学生辨别。

设计意图：引导学生回忆方程的定义，为本节课的学习做好铺垫和准备。

环节二：探索新知

教师进一步展现与成都之旅有关的四个实际生活问题，通过设计互动链接，让学生自主选择优先游玩的项目：游景点，品美食还是逛商场，进而进入具体的问题场景。每一个链接都会有一个小视频衔接，使得在这整个环节里学生完全融入实际的问题情景中。

场景问题：小川老师来到春熙路的龙抄手总店，买了红油抄手和担担面共 6 碗，已知一碗担担面 8 元，一碗红油抄手 18 元，一共支付了 68 元，请问小川老师买了红油抄手多少碗？

板书学生答案，如：

解：设买了红油抄手 x 碗，则可得到方程：$18x+8(6-x)=68$

场景问题：已知熊猫帅帅今年的年龄是两年前的三倍少两岁，请问帅帅今年多少岁？

板书学生答案，如：

解：设帅帅今年 x 岁，则可得到方程：$x=3(x-2)-2$

场景问题："锦里"的牌匾的形状近似是一个长方形，已知它的周长是 7.6 米，长比宽多 1.2 米，请问该牌匾的宽是多少米？

板书学生答案，如：

解：设牌匾的宽为 x 米，则可得到方程：$2[(x+1.2)+x]=7.6$

场景问题：小川老师来到了热闹的远洋太古里买围巾，看中了一条围巾，该围巾的现价比原价降低了 40%。已知小川老师支付了 96 元，请问这条围巾原价为多少元？

板书学生答案，如：

解：设这条围巾原价为 x 元，则可得到方程：$(1-40\%)x=96$

师生活动：

在学生选择好场景问题后，根据课前分好的小组，教师在每一场景问题里都给予各小组一定的时间用代数法列方程来解决问题并邀请某小组回答问题,最后都会板书该小组列出的方程;(在这个过程中,学生独立思考,教师引导学生读题审题、找出已知量、未知量以及它们之间的等量关系,根据关键语句列出等量关系式,再设未知数,最后列出方程)

(1)教师引导学生总结归纳列方程解决问题的步骤,如图6-1。

图6-1 列方程解决问题的步骤

(2)四个场景问题解决完毕后,教师引导学生观察前面所列出的方程,让学生回答,刚刚列的这些方程:

$18x+8(6-x)=68$;$x=3(x-2)-2$;$2[(x+1.2)+x]=7.6$;$(1-40\%)\cdot x=96$

都有什么共同点?

师生归纳:

①方程两边的代数式都是整式。

②方程只含有一个未知数。

③未知数的次数都是1。

板书定义:在一个整式方程中,只含有一个未知数,且未知数的次数都是1,这样的方程叫作一元一次方程。

设计意图:通过丰富真实的问题场景,引导学生用列方程来解决问题,学生认识到方程是刻画现实世界数量关系的有效的数学模型。同时教师引导学生思考自己列出的方程都具有的三个主要共同点,给予学生交流、归纳的机会。教师根据学生的归纳结果,板书完整课题,并给出书本上关于一元一次方程确切的定义。教师根据黑板上已有的例子让学生进行一元一次方程的判断。

追问问题:已知熊猫帅帅今年的年龄是两年前的三倍少两岁,请问帅帅今年多少岁?

师生活动:

(1)以前面环节中的某一场景问题为基础设置追问问题,教师引导学生判定未知数的值是否为方程的解。

（2）教师给出书本上关于方程的解的定义：使方程左、右两边的值相等的未知数的值，叫作方程的解。

（3）教师给出简单的即时练习，让学生判断未知数取值是否是方程的解。

练一练：$x=2$ 是下列方程的解吗？

① $3x+(10-x)=20$；② $2x^2+6=7x$。

设计意图：通过追问问题，让学生很快地获得方程的解的定义；通过即时练习，使得学生进一步理解和掌握方程的解。

环节三：你编我编

小组活动：请你结合实际生活，编一道"根据题意列方程"的题目，并能自己列出一元一次方程解决该问题。

师生活动：

（1）学生进行小组活动，自主讨论，自主编题，在发下来的导学案上完成。

（2）教师巡视，给予帮助与指点，同时留意好的答案，准备投影，并对优秀答案予以积极评价和鼓励。

设计意图：本题具有开放性，能帮助学生进一步体会用方程解决生活中的问题的重要思想，能培养学生的合作交流能力。

环节四：巩固训练

1. 根据题意列出方程

如图 6-2，李大爷开的茶馆在装修，已知木匠师傅将原来的正方形木板桌面截去 2cm 宽的一个长方形条，余下的面积是 $80cm^2$，请问原来的正方形木板桌面的边长是多少？

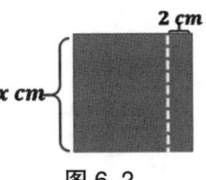

图 6-2

解：设原来的正方形木板的边长是 $x$cm，

那么可列方程：

$x·(x-2)=80$ 或 $x^2-2x=80$。

2. 根据题意列出方程

好运来茶馆开展牌技大赛，王叔和李叔开展对抗赛，规定每人赢一局得 3 分，输一局得 1 分。王叔与李叔一共打了 10 局（没有平局）最后王叔一共得了22分，请问王叔赢了多少局？

解：设王叔赢了 x 局，则他输了 $(10-x)$ 局，

那么可列方程：$3x+1\cdot(10-x)=22$

师生活动：

（1）教师给予学生时间作答在导学案上。

（2）教师邀请学生回答，教师对学生的答案予以点评，在有必要的时候进行补充说明。

设计意图：这两题都是重点考查学生是否能运用列方程的方法解决实际生活问题，是否能够通过设、找、列，正确地列出方程。同时，题目的设置是以成都的市井生活为背景，能够提高学生学习兴趣，也能够使得整个教学过程更加流畅，衔接更加自然一体。

环节五：总结收获

问题：请你谈谈本节课你学习到了什么？有什么收获？

师生活动：

（1）教师邀请学生谈收获，根据学生的回答，用"方程之树长出的叶子"（图6-3）（分别代表：方程的定义，方程的意义，列方程解决问题，一元一次方程的定义，以及方程的解）来形象总结归纳本节课的主要学习内容。

图6-3 方程之树长出的叶子

（2）正在长大的方程之树（图6-4）：教师在刚刚的归纳基础上，让"方程之树"长出更多的叶子（解一元一次方程，一元二次方程，二元一次方程组……），以此来形象地引出下节课的学习内容以及在日后的学习过程中，"方程之树"会慢慢长大，生动地表现出"方程"是一块大的知识网络，培养学生构建知识网络体系的意识。

图 6-4 正在长大的方程之树

设计意图：帮助学生梳理本节课的知识内容要点，帮助学生建立知识架构。

环节六：方程小史

师生活动：

（1）教师：方程，这一人类进步的智慧结晶，有着悠久的历史，我国古代数学家也为之做出了重要贡献。在导学案的背面，印着有关方程的简史，同学们可以进行相关的阅读。

（2）学生自主阅读导学案上的历史资料。

设计意图：结合数学史，激发学生的学习兴趣，让学生通过文化层面理解数学，喜欢数学，发展学生的数学核心素养，增强学生的民族自豪感和爱国情怀。

五、板书设计

板书设计如表 6-1。

表 6-1 板书设计

认识一元一次方程		
方程：含有未知数的等式 **一元一次方程**：①整式方程 　　　　　　　　②只含有一个未知数 　　　　　　　　③未知数的次数都是 1 **列方程解决问题**： ①设　②找　③列 **方程的解**：使方程左、右两边的值相等的未知数的值.	例如：（学生答案） 例如： $18x+8(6-x)=68$； $x=3(x-2)-2$； $2[(x+1.2)+x]=7.6$； $(1-40\%) \cdot x=96$	草稿区

六、教学反思

（一）教学设计要基于实际生活

在本节认识一元一次方程的学习中，教师创建以生活实际为背景，全程围绕"成都之旅"这条主线，引导学生利用方程思想解决实际问题，这极大地提高了学生的学习兴趣，同时也培养了学生用数学解决生活问题的能力，让学生真正体会到数学知识来源于生活又服务于生活。

（二）教学活动要以学生为主体

在本节课中展现与"成都之旅"有关的四个实际生活问题的时候，教师需要注重学生的主观意愿，本节课采用的是设计互动链接，让学生自主选择优先游玩的项目。本环节可以改进的地方是教师在注重个体发展的同时也要注重小组合作，可以考虑课前分好小组，在本环节里以小组为单位进行问题解决。

第四节　初中英语课程实施学科育人实践案例

初中英语学科有着较强的育人作用，教师在初中英语教学中发挥学科育人价值，就可以培养学生的英语核心素养，发展学生综合能力，同时为学生的全面发展奠定基础。基于此，教师需要把握初中英语学科的育人内涵，促进初中英语教学质效的提升。新课标明确了初中英语学科的育人内涵，教师要主动研究新课标，探究初中英语学科的育人内涵，同时创新实施育人路径，让学生在轻松、愉悦、趣味的英语课堂中提升英语核心素养，培养综合能力，从而助力学生全面发展。初中英语学科有着较强的育人价值，能够给学生的学习、成长、生活与发展带来较大影响。教师借鉴上述方法开展初中英语教学，可以实现英语学科的育人价值，促进学生成长为高素质的全面发展的人才。

本节以 8B Unit 3 Traditional Skills 单元整体教学设计（5课时）为例，诠释初中英语课程实施学科育人的教学途径。

8B Unit 3 Traditional Skills 单元整体教学设计（5课时）

一、单元教学背景分析

（一）教学内容分析和课时分配

1. 单元教学内容分析

沪教版八年级下册英语 Unit 3 Traditional Skills 单元主题属于："人与社会"范畴，涉及"历史、社会与文化"。

学生用书中有 5 个语篇，第一篇是 Reading 部分的 Fishing with birds，介绍了广西传统技艺——鸬鹚捕鱼的过程是如何的；第二篇是 Listening 部分的 Paper cutting，通过听力语篇介绍了描述人物外貌的一般方法和剪纸的过程是如何的；第三篇是 Writing 部分的 A person with a traditional skill，介绍了另一种传统手工艺人捏面人的传统技艺；第四篇是 More practice 部分的 Shadow puppet plays，介绍了皮影戏的表演方式和未来前景；另外教师新加了一篇拓展类的补充阅读语篇 Craftsman's bamboo weaving technique amazes netizens。本单元以多种体裁介绍了不同的传统技艺、传统艺人，突出树立保护中国传统技艺意识的重要性。学生只有真正认识、了解一些中国的传统技艺，才能有更好的意识去保护和传承传统技艺，根据这一主题逻辑，教师重新调整了教学顺序、将了解认识各种传统技艺放首位，再到后面的制作一个相关传统技艺表演的海报以及写一篇介绍自己熟悉传统技艺的文章。

2. 语篇研读

（1）语篇一：Reading：Fishing with birds

Fishing with birds

Wang Damin is a fisherman.Although he is over 65，he is very fit and still enjoys working.

Damin uses cormorants to catch fish.Cormorants are large black birds.They are good at catching fish because they can swim well，They can dive down and stay in the water for up to two minutes.

Damin usually sets off in the late afternoon and gets the cormorants ready for work. First，he ties a piece of grass around their necks to stop them from eating big fish. Then when Damin's boat reaches the right place in the river，he pushes them into the river.Damin uses several ways to attract fish.During the day，he jump sup and down on his boat. After dark，he hangs a light on a post at the front of theboat. The cormorants bring the fish back to the boat. The fish are then taken and thrown into a big basket by Damin. No nets are required for this type of fishing.

Cormorant fishing was once practiced in lots of places in South-East China，and there were many fishermen in the area. But today，few young people are interested in it.In 50 years，perhaps there will be no more cormorant fishermen in the world.

What：这是一篇介绍性说明文，文章脉络清晰，段落之间相对独立但又同时指向鸬鹚捕鱼技艺的某一方面。主要介绍了王大民的人物描写以及他如何用鸬鹚捕鱼的过程。

Why：作者通过描述用鸬鹚捕鱼这一传统技艺，使学生对这一少见的传统技艺有了进一步的了解，并且对其进行了一定的思考：该不该传承鸬鹚捕鱼？对待传统技艺我们应该持有什么态度？

How：文章结构鲜明，文章主要是介绍了3部分，第一部分是对王大民的描述；第二部分是对王大民用鸬鹚捕鱼全过程的阐述；第三部分是对用鸬鹚捕鱼的传统技艺现状以及未来前景的说明。第二部分是该语篇的主题部分，作者主要描述了王大民早上出发带的工具，在捕鱼中做的各种准备，一系列的动作实现了语篇衔接，如 reach、attract、hang、post、require、up to、set off、up and down、after dark... 语篇逻辑脉络清晰，便于读者推断、总结和概括信息。

（2）语篇二：Listening：Paper cutting

What：这是一段描述的听力材料，主要描述了一名剪纸艺人在河边剪纸的场景，听力文本设计很多关于人物和周边环境的细节描述，要求学生听录音找出语篇中的错误。

Why：要求学生听录音找出语篇中的错误，旨在帮助学生巩固获取关键信息的听力技能；要求学生听录音以简答的方式回答问题，旨在帮助他们巩固记录关键信息的听力技能。

How：本篇的语篇内容是一段听力材料，描述河边的人物正在做什么，穿什么样的衣服帽子和戴着什么样的帽子，他们的站立姿势，站立位置，以及介绍了图片里的一些细节，比如一张剪纸作品的价格标注；时态是都用了一般现在时态，准确表达了图片里的各种人物信息。

（3）语篇三：Writing：A person with a traditional skill

What：这是一篇写作范文，主要介绍了一名传统手艺人捏面人及其手艺的事儿，讲述了他是用哪些材料是怎样捏出那些小玩意的。

Why：通过描述一个传统手艺人的外貌特征以及他工作的过程，让学生进一步了解捏面人的传统技艺，从而激发他们对传统技艺的兴趣和树立保护传统技艺的意识。

How：本篇的语篇内容是一段介绍人物的记叙文，第一段先描述了陈先生是什么样的人，介绍了他的年龄、工作和手的特征；第二段再详细介绍他的工作是如何捏面人的，第三段作者表达了对陈先生的敬佩之情，并表明自己想向陈先生学习捏面人技术的愿望；时态都用了一般现在时态，准确表达了目前陈先生的工作现状和外貌特征。

（4）语篇四：More practice：Shadow puppet plays

What：这是一篇介绍皮影戏的报刊文章，主要介绍了一名传统手艺人王伟方及其手艺——皮影戏表演，讲述了他的表演地方、时间；如何制作皮影戏的皮影材料，如何向观众展示他的表演；以及他想要继续将皮影戏表演传承下去的愿望。

Why：通过描述一个传统手艺人的工作过程，让学生进一步了解中国的传统技艺——皮影戏表演，从而进一步激发他们对传统技艺的兴趣和树立保护传统技艺的意识。

How：本篇的语篇以报刊文章的形式呈现，篇章题材延续了本单元的话题，介绍了另一种中国传统技艺——皮影戏；第一段先描述了王伟方固定某个时间去某个地方进行同样的活动——表演皮影戏；第二段是说明王伟方如何制作皮影的；第三段是写他的表演过程，第四段介绍了皮影戏表演的现状——不如以前受欢迎；最后一段是表达了王伟方想要这个传统技艺能继续存活下去；时态是都用了一般现在时态，详细又准确表达了目前王伟方的技艺表演的特点、现状和未来前景。

（5）语篇五：Expand reading：Craftsman's bamboo weaving technique amazes netizens

Craftsman's bamboo weaving technique amazes netizens

Pan Yunfeng carries a bamboo pole home at Hengling Village in Lin'an District of Hangzhou, east China's Zhejiang Province, Nov.2, 2021.A bamboo weaver in Hangzhou has amazed netizens after short videos of him turning thick bamboo into delicate slices were uploaded on social media platforms including TikTok.

Pan Yunfeng, 51, makes pot brush, baskets, umbrellas and even bathtubs out of bamboo on TikTok. He started learning bamboo weaving at an early age and began to publish his works in 2019.

With over 4.5 million followers on Douyin (the Chinese version of TikTok) and the most popular video garnering about 2 million likes, Pan has become a genuine influencer for netizens by promoting the traditional art simply using his own bare hands.

Carrying a history of 2,000 years, bamboo weaving art was listed as an ational intangible cultural heritage in 2008. "Bamboo weaving has become an integral part of my life. I will work my best to preserve and pass on the craft," Pan said. (Xinhua/Jiang han)

What：这篇补充类阅读是一个新闻报道，主要介绍了一名传统手艺人潘云峰及其手艺——竹编技术，讲述了他能用竹子制作各种各样的物品；他在抖音上获得很多好评；也介绍了他从何时开始学竹编，竹编技术被列为非物质文化遗产，以及潘云峰对传承该文化技能的决心。

Why：通过描述一个传统手艺人的工作过程和工艺作品让他在抖音上迅速走红，让学生进一步了解中国的传统技艺——竹编技术，从而进一步激发他们对传统技艺的兴趣和树立保护传统技艺的意识。

How：本篇的语篇以新闻报道的形式呈现，篇章题材延续了本单元的话题，介绍了另一种中国传统技艺——竹编技术；第一段先描述了潘云峰在抖音走红的原因，介绍了他的家乡和竹编工作；第二段介绍潘云峰的年龄，学竹编的时间以及能做出的竹编作品；第三段是写潘云峰在抖音上的受欢迎程度，第四段介绍了竹编技艺的重要地位——非物质文化遗产以及潘云峰对此技艺的传承决心；时态是用了一般现在时态和一般过去时态，既有陈述潘云峰的技艺能力也有通过他自身的话语表达了自己对竹编技艺的情感态度,简洁又细腻表达了目前他对中国传统技艺的文化自信。

(二)课时分配

基于单元大小观念和以上图片展示的教学顺序,首先第一课时学习 Reading 部分 Fishing with birds,通过结合图片以及捕鱼动作,理解鸬鹚捕鱼的全过程,形成"了解传统技艺的内容"这一小观念;将 More practice 的 Shadow puppet plays 的内容放到单元第二课时,也是形成"了解传统技艺的内容"这一小观念的重要课时部分;听力材料 Paper cutting 穿插着"如何介绍一个人"以及"介绍剪纸的过程"两个内容板块,可作为单元第三课时,形成"进一步了解传统手工艺人及其手艺"的第二个小观念;通过补充的阅读语篇 Craftsman's bamboo weaving technique amazes netizens,向学生介绍了另一种传统技艺——竹编,这也是对第二个小观念的阐述;最后一个课时是阅读 Writing 的文章"A person with a traditional skill",教会学生如何描述传统手工艺人及其手艺——从而建构第三个小观念;最后就是通过第五课时的输入让学生完成一篇介绍一位自己熟悉的传统手工艺人及其手艺,使学生结合自己的生活实际,利用自己的观察能力,对传统技艺有更深的理解,从而形成"保护中国传统技艺"的大观念。如表 6-2 所示。

表 6-2 课时分配

单元小观念	课时分配	主要内容
小观念 1 初步了解传统技艺的内容	第一课时	Reading:Fishing with birds
	第二课时	More practice:Shadow puppet plays
小观念 2 进一步了解传统手工艺人及其手艺	第三课时	Listening&Speaking:Paper cutting
	第四课时	Expand reading:Craftsman's bamboo weaving technique amazes netizens
小观念 3 学会如何描述传统手工艺人和传统技艺	第五课时	Writing: A person with a traditional skill

（二）学生情况分析

1. 已知起点

本单元授课对象是初二学生，他们具备基本的阅读能力，整体英语水平不错，有一定的学习积极性。

文化知识：学生在七年级美术课本里学过剪纸，也从历史课本里以及生活经验里了解过皮影戏和捏面技艺，会对本单元的传统技艺学习有所帮助。

语言与学习能力：学生在七年级上册学习过了动词的一般现在时态，学会描述主动语态的句子。同时也积累过很多相关词汇，语文学科上也接触过类似的介绍人与工作的文章。

思维品质：学生假期里也有经常去旅游或者了解中国传统文化，接触的传统技艺不少，已经浅层了解到相关传统文化的历史与文化积淀。

2. 存在的问题

文化知识：对传统技艺的了解有限，对传统技艺的具体制作过程了解不够深入，且很多同学没有意识要保护这些传统技艺的传承。

语言与学习能力：对传统技艺的制作材料的相关词汇积累不够多，对相关过程的动词不是很熟悉，比如 set off、tie、hang、practise、be cut out in the shape of、of different sizes......在词汇方面，学生不能将它们正确地与文章结构结合起来并复述课文。

思维品质：大部分学生缺乏对保护传统技艺重要性的意识。

解决措施

文化应对措施：以加入旅游观光视频引入鸬鹚捕鱼的传统技艺，以新闻报道和抖音视频为学生带来更多的真实的语境。

语言应对措施：以小步循环的方式，引领学生逐步内化语言。

思维应对措施：利用动词标注法，帮助学生理解稍长语篇的关键信息，让学生评价语篇的内容和作者的观点并说明理由。

二、单元教学目标

基于单元教学内容和学情分析，将课时教学目标作为促进单元目标实现的手段，使学生在单元主题意义探究过程中，在单元彼此关联的语篇中，实现对单元大观念的整体理解和建构，促进语言能力、文化知识、思维能力及学习能力的互相衔接、互相发展，形成单元大观念。

单元整体教学目标	课时教学目标	单元大小观念
初步简略介绍目前中国的一些常见的传统技艺，介绍鸬鹚捕鱼的传统捕鱼方式，让学生意识到传统技艺的魅力，从而思考此传统技艺的未来前景将会是怎样	第一课时 Reading: Fishing with birds 学生能通过阅读根据上下文猜测词义，掌握核心单词和短语的含义 学生能够通过进一步阅读，深入理解文章的内容，了解作者的写作意图 学生了解鸬鹚捕鱼的全过程并树立保护中国传统技艺的意识	初步了解传统技艺的内容
介绍另外一种传统技艺——皮影戏表演，了解皮影制作的全过程，发现皮影戏表演的魅力，思考皮影戏的未来前景	第二课时 More practice: Shadow puppet plays 学生通过头脑风暴思考得知皮影戏需要哪些工具 学生通过归纳总结各个段落的大意 学生通过小组讨论，设计出一份"A shadow puppet play"的海报	进一步了解传统手工艺人及其手艺
掌握描述人物外貌的一般方法，能口头介绍剪纸的传统技艺的方法、寓意，认识到保护剪纸技艺的重要性	第三课时 Listening&Speaking: Paper cutting 1. 学生能听懂图片描述，圈出并改正图片中的错误，同时巩固记录关键信息的听力技能 2. 学生通过小组活动讨论剪纸艺术的历史、特点，并口头介绍这种传统技艺 3. 学生能够观察图片预测听力内容 4. 能初步用英语介绍祖国的传统技艺	进一步了解传统手工艺人及其手艺
介绍竹编大师潘云峰以及他的手艺，进一步享受和感叹传统技艺带来的文化自信，更进一步意识到保护传统技艺的重要性	第四课时 Expand reading: Craftsman's bamboo weaving technique amazes netizens 学生通过视频了解竹编的传统制作过程 学生通过阅读文章了解潘云峰的工作以及网民对他们的评论 学生讨论分析潘云峰将来的工作趋势	进一步了解传统手工艺人及其手艺

续表

单元整体教学目标	课时教学目标	单元大小观念
学习并完成介绍一项传统技艺工作及其手艺人的文章，形成"保护国家传统文化"的意识，并践行生活中爱惜尊重传统技艺的理念	第五课时 Writing： A person with a traditional skill 1. 学生掌握记叙文的写作特点，掌握描述人物外貌和传统工序的方法，撰写一篇介绍自己熟悉的传统手工艺人及其手艺的短文 2. 能通过网络或图书馆搜集信息，然后整理收集到的信息完成短文	保护中国传统技艺：从认识、了解到行动

三、单元教学过程

（一）单元整体设计

1. 逆向设计

根据逆向设计的三个阶段来进行大单元整体设计。

阶段1：确定预期效果。

阶段2：确定合适的评估证据。

阶段3：设计学习体验和教学。

（1）阶段1：确定预期效果。

所确定的目标：

学生将了解多种类型的传统手工艺人和理解传统技艺的基本工作。

学生将运用自己所学知识进行对传统技艺的介绍。

学生将对熟悉的传统技艺有进一步了解并树立保护传统技艺的意识。

需要思考哪些基本问题？

传统技艺有哪些？

传统手工艺人的工作该不该被现代科技取代？

如何看待手工艺人的工作？

我们该如何保护传统技艺？

预期理解是什么？

学生将会理解……

①传统技艺不只有常见的剪纸、皮影戏，还有广西地区的鸬鹚捕鱼，江浙地区的竹编技术等。

②每个传统手工艺人的手艺都是不容易的，需要花费一定的材料和心血。

③介绍一个人的外貌可以从年龄、身形、身高、头发等方面来介绍。

④传统技艺的传承需要当代人的齐心协力，需要手工艺人，也需要传播者。

作为本单元的结果，学生将会获得哪些重要的知识和技能？

学生将会知道……

关于传统技艺中的一些词语：fisherman、fit、attract、hang、post、up and down、scissors、pattern、character、rough、dough、put on a play、cut out、in the shape of、keep...alive

描述人物外貌的一般方法。

连接各个步骤的衔接词，如 first、then 和 during，了解衔接词在语篇中的作用。

学生将能够……

通过进一步阅读，深入了解阅读篇章的内容，了解作者的写作意图。

听懂图片描述，圈出并改正图片中的错误，同时巩固记录关键信息的听力技能。

通过小组活动讨论剪纸艺术的历史、特点，并口头介绍这种传统技艺。

掌握记叙文的写作特点，掌握描述人物外貌和传统工序的方法，撰写一篇介绍自己熟悉的传统手工艺人及其手艺的短文。

（2）阶段2：确定合适的评估证据

什么能够用来证明学生理解了所学知识？

表现性任务：

①学生针对新闻视频里的辛勤劳动者以及传统工艺进行评价。

②学生创作一份关于介绍皮影戏的海报。

③学生写一篇关于介绍自己熟悉的传统手工艺人及其手艺的短文。

根据阶段1的预期结果，还需要收集哪些证据？

其他证据：

课堂小猜测——说出各项传统技艺的名称。

简答题——关于保护传统技艺的方法。

技能测试——课堂上做一幅剪纸作品。

学生的自我评价和反馈：

自评和他评自己的皮影戏海报。

自评和他评自己的写作。

在本单元学习结束时，自我评价所学的知识。

（3）阶段3：设计学习体验和教学

下面逐次列出了关键的教学和学习活动，同时以WHERETO元素中的相应首字母为每个活动标码。

第一，通过展示图片让学生猜测出一些传统技艺。H，E

第二，观看一个视频：广西桂林漓江的美丽风光以及渔夫利用鸬鹚捕鱼的过程。E

第三，完成课本P34的A2练习，并回答问题。E

第四，预测此篇文章的主题。W

第五，略读文章并填表格。E

第六，找读文章并填空。E

第七，排序题。E

第八，完成捕鱼过程的流程图。E，O

第九，讨论鸬鹚捕鱼传统技艺的现状。R

第十，观看一个介绍鸬鹚捕鱼现状的视频并小组讨论回答以下问题。E

第十一，对鸬鹚捕鱼传统技艺的一个总结：我们要保护传统技艺，增强

自己的文化自信。O

第十二，开展"头脑风暴"，思考表演皮影戏需要哪些工具。E

第十三，学生2人一组，练习并口头汇报皮影戏的表演过程。E，R

第十四，指导学生撰写一份通告，然后根据其内容设计海报，并展示评论。E，T

第十五，让学生每人剪出一个作品。 E，T

第十六，学生口头描述一个同学的外貌，其他同学猜测是谁。E，T

2. 大观念

| 围绕"保护中国传统技艺：从认识、了解到行动"这一大观念，首先布置单元任务：学生通过书籍或网络了解目前中国的传统技艺有哪些，有哪些著名的手工艺人，以及选择一两个手工进行学习，比如学习剪纸，编中国结 |

↓

| 其次，根据单元与课时目标，遵循英语学习活动观的三个层次（即学习理解类活动、应用与实践类活动、迁移与创新类活动），设计体现逻辑进阶的问题链和活动链，在开展每个语篇的主题意义探究活动中，逐步生成围绕中国传统技艺"这一主题的三个小观念 |

↓

| 最后，利用所学完成单元任务，展现对"保护中国传统技艺"这一主题的完整认识，体现学习后形成的认知、态度、价值判断和行为选择 |

整个教学以单元大小观念的建构和应用为目的，从学习理解到应用实践再到迁移创新类活动，以及精泛结合的学习，单元语篇不断与主题意义发生逻辑关联，从不同角度丰富或深化学生对主题的理解，逐步生成各个小观念，实现对单元大观念的获得、理解和应用，形成对"保护中国传统技艺"这一主题的新认知、态度和价值判断，促成单元大观念的形成，以及学生认知水平、语言能力、创新思维能力和学习能力的发展。

（二）单元教学过程

布置单元任务：认识了解中国的传统技艺；设计一份介绍皮影戏的海报；以及向同学们介绍自己熟悉的传统手工艺人及其手工技艺。

Lesson 1: Reading: Fishing with birds

教学目标	
语言知识	掌握核心单词和短语：fisherman, fit, although, ready, reach, attract, hang, post, require, up to, set off, up and down, after dark…
语言技能	通过进一步阅读，掌握篇章有关用鸬鹚捕鱼的过程，深入了解作者的写作意图
学习策略	通过略读策略，了解篇章的结构 通过找读策略，有效地找到所需信息
文化知识	学生树立保护中国传统技艺的意识
教学重点	理解鸬鹚捕鱼的过程，学习核心单词和短语，理解篇章的主要内容
教学难点	通过完成鸬鹚捕鱼这一过程的流程图，理解鸬鹚捕鱼的经过 对鸬鹚捕鱼传统技艺的看法

教学步骤	主要教学活动	设计意图	评价方式
Lead-in（1min）	通过展示图片让学生猜测出一些传统技艺	初步了解传统技艺并向学生输入一些传统技艺	通过观察学生的表现，把握学生了解传统技艺的程度
Pre-reading（5min）	Step1：观看一个视频：广西桂林漓江的美丽风光以及渔夫利用鸬鹚捕鱼的过程 Step 2: 完成课本 P34 的 A2 练习，并回答问题：What is he doing？ Step 3: Prediction： What's the topic of this passage？ What is he doing？	激发学生对传统技艺——鸬鹚捕鱼的兴趣	通过观察学生是否对鸬鹚捕鱼感兴趣，确保达成第一个单元小观念：初步了解传统技艺的内容
While-reading（15min）	Step 1: Skimming 略读文章并填表格（有关王大民和鸬鹚的表格） Step2: Scannning 找读文章并填空（有关捕鱼的动词） Step 3: 排序题（把捕鱼的相关图片按先后顺序排好序） Step 4: 完成捕鱼过程的流程图 Step 5: Scannning 找读文章并回答相关问题	培养学生运用略读和找读的技巧阅读篇章，了解文章的主旨和有效地找到所需信息。 培养学生头脑风暴和小组讨论的合作能力 培养学生根据图片把大概捕鱼的过程详细复述的能力	通过观察学生是否对鸬鹚捕鱼的过程有所了解，确保达成第一个单元小观念：初步了解传统技艺的内容

续表

教学步骤	主要教学活动	设计意图	评价方式
Post-reading（19min）	Step 1: 讨论鸬鹚捕鱼传统技艺的现状 Step 2: 观看一个渔夫对于鸬鹚捕鱼未来前景的看法的新闻视频并回答以下问题： What's the attitude of the fisherman towards the future of cormorant fishing?		
Post-reading（19min）	Step 3: 观看一个介绍鸬鹚捕鱼现状的视频并小组讨论回答以下问题： What's the condition of cormorant fishing? What's your feeling after watching the clip? What do you think the future of fishing with birds will be？ Step 4：对鸬鹚捕鱼传统技艺的一个总结：作为后代我们要保护我们的传统技艺，增强自己的文化自信	培养学生辩证思考问题的能力 改变学生读传统技艺的态度，从不了解到了解到有意识想保护它	通过观察学生的交流情况，确保达成第一个单元小观念：初步了解传统技艺的内容，从而与大观念"保护传统技艺"相承接

作业设计：

通过图书馆、网络等方式，了解一种即将失传的传统技艺及其失传的原因，准备口头汇报。

设计意图：

让学生主动地去搜寻更多关于传统技艺的新闻消息，从而树立保护传统技艺的意识和表达对传统手工艺人的尊敬和钦佩之情。

Lesson 2：More practice：Shadow puppet plays	
教学目标	
语言知识	掌握核心单词和短语：shadow、puppet、shadow puppet play、put on a play、cut out、keep alive...
语言技能	1. 根据上下文语境猜词义 2. 理解阅读篇章中有关皮影戏的表演方式、未来前景等内容 3. 了解海报、通告等宣传性应用文的基本特点和写作方法，并并为学校活动撰写一张海报

续表

学习策略	1. 通过略读策略，了解篇章的结构 2. 通过找读策略，有效地找到所需信息		
文化知识	学生树立保护中国传统技艺的意识		
教学重点	1. 理解皮影戏表演的过程，学习核心单词和短语，理解篇章的主要内容 2. 为学校活动撰写一张海报		
教学难点	为学校活动撰写一张海报		
教学步骤	主要教学活动	设计意图	评价方式
Lead-in（6min）	检查作业的落实情况 学生介绍一门即将失传的传统技艺以及可能失传的原因 通过展示一个视频让学生了解皮影戏的制作过程及其魅力效果	激发学生的兴趣	通过观察学生的表现，把握学生了解传统技艺的程度
Pre-reading（2min）	开展"头脑风暴"，思考表演皮影戏需要哪些工具	激发学生对皮影戏制作的背景知识	通过观察学生是否了解皮影戏，确保达成第一个单元小观念：初步了解传统技艺的内容
While-reading（8min）	Step 1：Skimming 略读文章并分段和概括段落大意 Step2：Scannning 找读文章并填以下表格	培养学生运用略读和找读的技巧阅读篇章，了解文章的主旨和有效地找到所需信息 培养学生小组讨论的合作能力以及复述能力	通过观察学生是否对皮影戏的表演制作过程有所了解，确保达成第一个单元小观念：初步了解传统技艺的内容
Post-reading（24min）	Step 1：学生2人一组，练习并口头汇报皮影戏的表演过程 Step 2：学习 Study skills 板块的相关内容 Step 3：学生就老师给出的活动主题"A shadow puppet play"进行小组讨论，确定海报的内容，heading、place、date、time、activities. Step 4：指导学生撰写一份通告，然后根据其内容设计海报，并展示评论	培养学生观察和归纳总结的能力 培养学生的思考和创新能力 给学生一个动手机会，自我评论和他评的平台	通过观察学生的交流和总结关键部分的情况，确保达成第一个单元小观念：初步了解传统技艺的内容，从而与大观念"保护传统技艺"相承接

续表

作业设计:
继续设计和完成一份关于 A shadow puppet play 的海报
设计意图:
开发并锻炼学生的动手能力,让学生主动地去归纳总结关于传统技艺皮影戏表演的特点,从而对传统技艺有进一步的了解和树立保护传统技艺的意识

	Lesson 3:Listening&Speaking:Paper cutting		
教学目标			
语言知识	掌握核心单词和短语:description、tool、scissors、pattern、character、health、luck、paper cutting、wedding 掌握描述任务外貌的一般方法		
语言技能	1. 听懂图片描述,圈出并改正图片中的错误。同时巩固记录关键信息的听力技能 2. 通过小组活动讨论剪纸艺术的历史、特点等信息,并口头介绍这种传统技艺 3. 了解海报、通告等宣传性应用文的基本特点和写作方法,并并为学校活动撰写一张海报		
学习策略	通过观察图片预测听力内容		
文化知识	能初步用英语介绍祖国的传统技艺		
教学重点	1. 巩固记录关键信息的听力技能 2. 口头介绍剪纸的传统技艺		
教学难点	1. 能够正确地描述人物的外貌 2. 了解剪纸这项传统技艺,并思考如何保护传统技艺		
教学步骤	主要教学活动	设计意图	评价方式
Lead-in (6min)	检查作业的落实情况 　　学生展示自己的皮影戏海报,其他同学进行评论,老师再次归纳总结做海报要注意的内容 　　老师把准备的一些剪刀和一些红色纸以及一个红色"喜"字和一个窗花作品展示给学生看,引出今天所学的内容与剪纸有关	1. 锻炼学生自我评论和他评的能力 2. 激发学生的兴趣	通过观察学生的表现,把握学生了解传统技艺的程度

续表

教学步骤	主要教学活动	设计意图	评价方式
Pre-listening（4min）	Step 1：开展听前活动，激活背景知识 Step 2：引导学生仔细观察图片，预测图中可能会出现错误的地方	锻炼借助图片和听力材料等视觉听觉信息理解收听和观看的内容的能力	通过观察学生是否认真观看图片，听过程中是否有做笔记，来判断学生是否掌握做听力题目的技巧
While-listening（7min）	播放录音，要求学生完成教材 38 页 AB 的练习，然后口头汇报答案	1. 培养学生用完整句子表述图片修改前后的区别 2. 强化学生的听力技巧	通过观察学生听过程中是否有做笔记，以及根据汇报答案的情况来判断学生是否掌握做听力题目的技巧
Post-listening（23min）	Step 1：学习 speak up 内容，了解和介绍剪纸这种传统技艺 Step 2：让学生每人剪出一个作品 Step 3：学习 Talk time 的内容，学会描述人物外貌 Step 4：学生挑选 A1 的一个人物，口头描述其外貌 Step 5：学生口头描述一个同学的外貌，其他同学猜测是谁	培养学生观察和归纳总结的能力 培养学生的动手能力 培养学生的思维创新能力 通过游戏激发学生的兴趣	通过观察学生的交流和参与动手活动和描述人物的情况，确保达成第二个单元小观念：进一步了解传统手工艺人及其手艺，从而与大观念"保护传统技艺"相承接

作业设计：

继续搜寻关于传统技艺的新闻，挑选一个传统手工艺人进行外貌描述和对其传统技艺进行描述

设计意图：

开发并锻炼学生的查阅资料能力，让学生主动地去归纳总结关于更多传统技艺的特点，从而对传统技艺有进一步的了解和树立保护传统技艺的意识

Lesson 4：Expand Reading：Craftsman's bamboo weaving technique amazes netizens	
教学目标	
语言知识	掌握核心单词和短语：bamboo hole、amaze、dedicate slices、upload、make...out of...、genuine influencer、integral part、preserve
语言技能	通过进一步阅读，掌握篇章有关竹编的过程，深入了解作者的写作意图
学习策略	1. 通过略读策略，了解篇章的结构 2. 通过找读策略，有效地找到所需信息
文化知识	学生树立保护中国传统技艺的意识
教学重点	理解竹编的过程，学习核心单词和短语，理解篇章的主要内容

续表

教学难点	通过理解竹编的原材料和编制作品，理解竹编的经过对竹编传统技艺和对竹编手工艺人潘云峰的看法		
教学步骤	主要教学活动	设计意图	评价方式
Lead-in（3min）	通过潘云峰的抖音视频让学生了解竹编作品	进一步了解传统技艺并向学生输入一些传统技艺 激发学生的兴趣	通过观察学生的表现，把握学生了解传统技艺的程度
Pre-reading（3min）	Step1：头脑风暴：竹编需要哪些材料以及如何制作竹编	激发学生对传统技艺——竹编的兴趣以及思考	通过观察学生是否对竹编感兴趣，确保达成第二个单元小观念：进一步了解传统技艺的内容
While-reading（15min）	Step 1：Skimming 略读文章并分段 Step2：Scannning 找读文章并填空 找读文章并回答问题	1. 培养学生运用略读和找读的技巧阅读篇章，了解文章的主旨和有效地找到所需信息 2. 培养学生的归纳总结能力	通过观察学生是否对鸬鹚捕鱼的过程有所了解，确保达成第二个单元小观念：进一步了解传统技艺的内容
Post-reading（19min）	Step 1：讨论竹编传统技艺的现状以及科技竹编的现状 Step 2：观看中外网友对于竹编技艺的赞扬看法的新闻视频并小组回答以下问题： What's the attitude of the netizens towards the future of bamboo weaving？ Should we protect this kind of traditional skill？ Step 3：对竹编传统技艺的一个总结：作为后代我们要保护我们的传统技艺，增强自己的文化自信	1. 培养学生辩证思考问题的能力 2. 改变学生读传统技艺的态度，从进一步了解到有意识保护它	通过观察学生的交流和反馈情况，确保达成第二个单元小观念：初步了解传统技艺的内容，从而与大观念"保护传统技艺"相承接
作业设计： 通过图书馆、网络等方式，了解该如何保护竹编的传统技艺，准备口头汇报 设计意图： 让学生主动地去搜寻更多关于传统技艺的新闻消息，从而树立保护传统技艺的意识和表达对传统手工艺人的尊敬和钦佩之情			

	Lesson 5：Writing：A person with a traditional skill		
教学目标			
语言知识	掌握核心单词和短语：size、simple、character、lovely、all the time、rough、dough		
语言技能	掌握记叙文的写作特点，撰写一篇介绍自己熟悉的一位传统手工艺人及其手艺的短文		
学习策略	能通过图书馆、网络等方式搜集信息，然后整理搜集到的信息并完成一篇介绍自己熟悉的一位传统手工艺人及其手艺的短文		
文化知识	学生树立保护中国传统技艺的意识		
教学重点	掌握记叙文的基本特点和写作方法		
教学难点	掌握描述人物外貌和传统工序的方法		
教学步骤	主要教学活动	设计意图	评价方式
Pre-writing（5min）	检查回家作业的落实情况：该如何保护竹编的传统技艺	让学生进一步了解如何保护传统技艺并锻炼他们的语言表达能力	通过观察学生的表现，把握学生了解传统技艺的程度
While-reading（8min）	Step1：阅读 A person with a traditional skill，利用 scanning 阅读技巧回答文章的相关问题 Step 2：skimming 完成段落大意连线题	1. 激发学生对传统技艺——捏面人技术的兴趣 2. 培养学生运用略读和找读的技巧阅读篇章，了解文章的主旨和有效地找到所需信息	通过观察学生的表现，确保达成第三个单元小观念：学会如何描述一个传统工艺人和传统技艺
Post-reading（27min）	Step 1：教师补充每段具体的描述方式 Step 2：学生根据老师的指导列出写作提纲：每个段落写作的大概方向 Step 3：阅读 Culture corner 的中国结介绍，给学生一定的写作思考空间 Step 4：给10分钟学生写出初稿，进行展示和评论	培养学生的归纳总结能力 培养学生的模仿写作能力和树立对传统技艺的保护意识	通过观察学生的交流和反馈情况，确保达成第三个单元小观念：学会如何描述一个传统工艺人和传统技艺，从而与大观念"保护传统技艺"相承接
	作业设计： 根据作文初稿，写作范文和写作提纲，完成作文的二稿 设计意图： 让学生通过写作进一步掌握描述人物外貌和传统工序的方法		

第五节　初中物理课程实施学科育人实践案例

初中物理学科育人价值物理学科知识、学科思想、学科方法论以及蕴含的价值观念，决定物理学科在促进人的发展过程中具备独特的育人价值。物理学科育人价值是物理学科核心素养的基础，物理学科核心素养是物理学科育人价值的具体体现。在初中物理教学中，发展学生的物理核心素养是实现物理学科育人价值的必由之路。

本节以《质量》教学设计为例，诠释初中物理课程实施学科育人的教学途径。

看生活物品，学物体质量
——《质量》教学设计

一、教材分析

《质量》一课包含概念教学和仪器使用两部分内容。质量是力学的重要概念，其特点是与生活紧密联系，所以概念教学注重联系生活实际，设置多个小活动使学生充分参与到课堂，调动学生的积极性，体现了从生活走向物理，从物理走向社会的理念。

二、学情分析

天平的原理及制作过程较为复杂，初二学生对知识还停留在感性层面。所以教学设计注重学生体验，学生经历自主学习、动手操作、组内交流、总结规律等环节，落实三维目标。

三、教学目标

1.物理观念。理解质量的概念，会进行单位换算；会用天平测量质量。

2. 科学思维。通过设计"估测生活—估测身边—使用天平"的三个环节活动,提高知识迁移及拓展、理论联系、数据分析及逻辑推导能力,发展科学思维

3. 科学探究。通过天平测量实验方案的设计,交流与评估,提高自身的科学探究素养

4. 科学态度与责任。通过"估测—精准测量"的过程培养严谨的科学态度与责任

四、教学重、难点

教学重点:了解质量的概念,用天平测量质量

教学难点:用天平测量质量

五、教学方法

情境探究法、讨论法、讲授法。

教学环节	教师活动	学生活动	设计意图
课前导入	【展示】 依次展示大小不同的棒棒糖 图6-8 棒棒糖 【提问】 如果选一个送给大家,你会选哪个?并说明选择的理由	【思考】 做出选择并回答选择理由	引发学生兴趣,导入课题——质量就在我们的身边

教学环节	教师活动	学生活动	设计意图
课堂新知	活动一：走进质量 【展示】分别呈现两杯大小不同的水，以及大小不同的铁钉和铁锤 图 6-9　水　　图 6-10　铁钉　　图 6-11　铁锤 【提问】 　问题一：观察并分析两杯水中水这种物质分别含有的多少？ 　问题二：观察并分析铁锤和铁钉分别含有铁多少？ 【归纳总结】 　1. 质量概念： 　物理学中用质量来描述物体所含物质的多少 　2. 质量单位 　（1）常用单位：吨（t）、千克（kg）、克（g）、毫克（mg） 　（2）国际千克原器	【思考】回答问题并整理笔记	以贴近学生生活的素材激发学生的兴趣，以学科化的概念引导学生养成归纳知识的习惯，锻炼学生物理观念的核心素养
	活动二：感受质量 【展示】生活中质量不同的物品并请同学们感受不同质量的大小，进一步加强对质量的认识 图 6-11　感受质量 【活动】通过对质量大小的感受，估测物体的质量，最相近的同学则可获得所估测的物品	【思考】思考讨论问题，并做出回答	以贴近学生生活的素材激发学生的兴趣，以学科化的概念引导学生养成归纳知识的习惯，锻炼学生物理观念的核心素养

续表

教学环节	教师活动	学生活动	设计意图
课堂新知	图 6-12　估测物体的质量 【衍生】估计一个中学生的质量是多少 图 6-13　估计一个中学生的质量 【引导】通过活动了解到估计不准确，要对质量有更进一步更精准的了解，更准确需要用到测量工具。 【总结】 1.生活中常见的测量工具（图 6-14） 图 6-14　生活中常见的测量工具 2.实验室中的测量工具（图 15） 图 6-15　实验室中的测量工具	整理笔记	

续表

教学环节	教师活动	学生活动	设计意图
实验巩固	活动三：测量质量 【自学】 1. 阅读课本，了解托盘天平（图6-18）的结构 2. 阅读课本，了解托盘天平的使用规则 图6-18 托盘天平 【提问】 问题一：根据自学内容，回答老师所指的部分是天平的哪些组成部分？ 问题二：请一位同学使用天平，称出老师手机的质量。 【提示】请同学们认真观察并记录该同学的操作过程 【演示】老师亲自称重手机并演示天平的使用，所得质量与同学不同。 【分析】请同学分析老师与同学在天平使用过程的不同，并归纳天平使用的规则。 【总结】 ①"看"：观察天平的铭牌，明确天平的称量（即一次能称取的最大质量）和感量（即游码所在标尺上的分度值）。 ②"放"：把天平放在水平台上，把游码放在标尺左端的零刻度线处。 ③"调"：调节天平横梁两端的平衡螺母（有的天平只有一个），使横梁平衡。横梁平衡的标志是：指针指在分度盘的中央。若指针在左右两端摆动的幅度相等，也表明横梁平衡。	【阅读】阅读课本，学生自学 【观察/记录】 同学动手，大家观察记录并纠错 【思考】 回顾过程并分析异同，自主归纳总结做出回答	学生的自学理解能力和基础分析能力得到加强，对天平有基础的了解，提升学生素养能力 观察分析和思考的过程是学生锻炼能力提升思维的能力，也是核心素养中科学思维的培养过程，通过此活动学生的综合能力有了大幅度提升

续表

教学环节	教师活动	学生活动	设计意图
实验巩固	④"称":把被测物体放在左盘里,用镊子(注意:不能用手)向右盘里加减砝码,并调节游码在标尺上的位置,直到横梁恢复平衡。 ⑤"记":被测物体的质量=盘中砝码总质量+游码在标尺上所对的刻度值。 ⑥注意事项:不能超过天平的称量,保持天平干燥、清洁。因此,不能直接测量液体质量,要借助于容器。也不能直接测量粉末状固体,可在左右两盘各垫上相同的纸片。		
学以致用	【动手实验】——测量身边物体的质量 以4人小组为单位,合作测量两种物体分别的质量大小。(如图6-19) 图6-19 测量身边物体的质量 注意:小组4人做好分工,1人测量员,1人观察员,1人记录员,1人汇报员,人人参与通力合作,完成报告单。 数据记录: 	物体名称	
---	---
质量 m/g	| 拓展性作业: 1. 误差分析:砝码生锈和磨损会对质量测量有何影响? 2. 小实验:利用天平如何测出50g盐的质量?(写出实验设计)	【合作/探究/分析】	通过合作学习,加深印象,提高学生合作、分析问题的能力,通过最后环节的拓展提升完成本课的核心素养目标

六、教学准备

演示实验器材:不同体积的棒棒糖×3、不同大小的水杯×2、课本×1、空矿泉水瓶×2、水煮鸡蛋×8、板砖×8、天平×8。

七、教学反思

优点：

1. 突破常规，自主探究

以往的教学中我们总是反复强调天平的调节与使用方法。如果采用自主、合作、探究的方法，突破传统讲授与讲解，能让学生掌握天平的正确使用方法。

2. 重点突出，详略得当

这一节的教学重点是天平的正确使用。我在课堂中注重锻炼学生的自主能力，使用自学指导法，巧妙运用教材的同时不拘泥于教材，将课本内容转化为生活实际，增强学生的直观感受的同时提升学生能力。

3. 素养落地，实践导向

本节课的学习我将新课程标准物理学科核心素养贯穿前后，在理论中实践，在实践中培养学生核心素养，使学生综合能力得到有效提升，也使本节课的教学目标顺利达成。

不足：

1. 常规课堂学生动手实验不够丰富，需要加强对学生小实验的开发能力。
2. 学生自主探究的时间较短，评价体系较为单一，生生互评相较缺乏。

第六节　初中化学课程实施学科育人实践案例

初中阶段是学生成长的关键时期，也是学生接受知识以及提高综合素质的关键阶段，教师要关注教育育人功能并将育人观念渗透到初中化学教学中，为顺利开展初中化学教学做好铺垫。教师要密切关注学科教学效果，注重开展以化学实验为主的多种探究活动，重视教学内容的结构化设计，激发学生学习化学的兴趣，挖掘学生的学习潜能，促进学生学习方式的转变，培养学生的创新精神和实践能力。

本节以初中化学"物质的性质与应用"单元整体教学为例，诠释初中化学课程实施学科育人的教学途径。

一、化学学科校本表达

传统的学科育人更多地关注学科专业知识的系统性与完整性，易忽视对学生自身可持续性发展的培养，"核心素养"是学科育人价值的集中体现，因此新课标的学科育人理念倡导"发展核心素养"。我国教育学术界界定的"核心素养"指的是学生在接受相应学段的教育过程中逐步形成起来的适应终身发展和社会发展需要的正确价值观、必备品格和关键能力。综上所述，新型学科育人要求学校教育应由"知识传授"走向"价值取向"、由"学术专业"走向"日常生活"，从而最终实现由"知识为本"走向"发展素养"。

党的十九大与全国教育大会强调"落实立德树人根本任务，发展素质教育"。2019年教育部也正式启动义务教育课程标准的修订工作。"充分发挥化学课程的育人功能"是新修订《义务教育化学课程标准（2022年版）》的首条课程理念，从中说明了"育人"是义务教育化学课程理念的"魂"。新修订《义务教育化学课程标准（2022年版）》中提出整体规划素养立意的课程目标，重视开展核心素养导向的化学教学，明确提出"化学课程要培养的核心素养，主要包括化学观念、科学思维、科学探究与实践、科学态度与责任[1]"。这不仅为义务教育阶段化学学科育人指明了方向，更为化学学科育人提出了可操作性策略。就化学学科核心素养的内涵而言，它包括学科观念、学科思维、学科实践和学科价值取向等，这些素养目标也突显出了化学学科育人的价值取向，而这些素养目标是不可能在一节课中就能够完成的，因此化学学科育人是需要通过优化课堂教学策略及评价模式，关注育人价值的课堂转型，经过若干课时的教学积累，经历持续建构和稳步上升的过程，才能实现发展化学学科核心素养的落地。

化学学科作为一门独立的基础性自然科学，被人们熟知的是化学在生产与生活中所具有的重要作用与地位，然而这仅仅是化学学科理论价值与应用价值的体现，就其自身所蕴含的育人价值却易被人们所忽视。因此，义务教育化学学科育人价值的教学实践也就被确定为我校化学学科校本表达，其具体实施是在遵照新修订《义务教育化学课程标准（2022年版）》前提下，学校根据自身性质、特点与条件，经开展核心素养导向下的化学教学实践，基于大概念的建构，整体设计和合理实施单元教学，采用小组合作学习、情境教学、实验探究教学、跨学科教学实践等多种教学模式，实施"自我评价与他人评价相结合""形成性评价与终结性评价相结合"等多元评价模式，让学生学会学习、善于合作、勇于实践、敢于创新，从中获得适应个人终身发展和社会发展所需的必备品格与关键能力，形成正确的世界观、人生观、价值观。

二、化学学科校本表达与大概念统领下的化学大单元教学

化学是研究物质的组成、结构、性质、组成、转化及应用的一门基础学科，其特征是从分子、原子层次认识物质，通过化学变化创造物质。从中可以看出，化学学科的研究对象是物质。对于物质的研究，就新修订《义务教育化学课程标准（2022年版）》而言，需要通过引导学生对生活中常见的"身边的化学物质"进行多角度认识，来激发学生对物质世界的好奇心，形成物

质及其变化等基本化学观念，发展科学思维、创新精神与实践能力，养成科学态度和社会责任，为学生的终身发展奠定基础。

"身边的化学物质"属于《义务教育化学课程标准（2011年版）》中课程内容的1个一级主题，它包含的4个二级主题（单元）分别为：我们周围的空气、水与常见的溶液、金属与金属矿物、生活中常见的化合物。将"身边的化学物质"相关的课题内容从人教版九年级《化学》上下册教材中剥离出来，从学生当下的发展和培养学生未来适应社会及处理复杂问题所需要的关键能力和必备品格来看，它是素养含量较高的课程内容。就"身边的化学物质"的传统教学而言，教师会更多关注知识和技能领域教学，学生感受化学物质太多、知识容量大、关联性强，实验技能烦多、操作也不熟练，顾此失彼。

"身边的化学物质"就其核心知识而言，它属于《义务教育化学课程标准（2022年版）》中课程内容的第2个学习主题"物质的性质与应用"研究的范畴。"物质的性质与应用"包含5个主题内容分别为：物质的多样性、常见的物质（空气、氧气、二氧化碳；水和溶液；金属与金属矿物；常见的酸、碱、盐）、认识物质性质的思路与方法、物质性质的广泛应用及化学品的合理使用、学生必做实验及实践活动，分别与大概念、核心知识、基本思路与方法、重要态度、必做实验及实践活动相对应。与《义务教育化学课程标准（2011年版）》的一级主题"身边的化学物质"课程内容的要求相比较，新课标对教学的要求不仅要让学生习得基本知识与基本技能，更要注重基于"物质的多样性"这一大概念进行单元整体教学设计，充分发挥大概念的统摄作用，建构形成"物质的结构决定物质的性质，物质的性质决定物质的用途"这一化学基本观念，聚焦于学生思维的发展，帮助学生形成对化学物质的认识方式（包括认识物质的多个角度、不同的认识水平、认识思路），通过科学探究的学习方式，解决实际问题，增强实践能力，培养学生的科学态度与社会责任感，充分发挥化学课程的育人功能。

因此，我校化学学科校本表达就以初中化学"物质的性质与应用"主题单元整体教学实践与研究为抓手，依据初中化学教学现用《义务教育化学课程标准（2022年版）》要求，阐述该主题单元下，充分发挥"物质的多样性"这一大概念进行单元整体教学设计中的统摄作用，从传统的"课时主义"转向"单元教学"，从传统的"课时教学设计"转向"单元教学设计"，对现用人教版九年级《化学》上下册教材单元、课题、课时中涉及不同物质的研究进行单元整体教学规划设计，兼顾教材单元与主题单元的学习进阶，将发展化学核心素养贯穿于整体单元的课例开发与研究之中，优化认识思路与方法，促进学生思维的发展及化学基本观念的形成，获得研究物质的一般思路方法，从而达到"减负提质"与发展化学学科核心素养的目的。

三、教学过程

单元作业设计	
单元名称	基于核心素养导向下的"性质与应用"主题单元作业设计——以"酸"为例
单元类型	（1）自然单元 （2）重构单元
单元作业设计理念（依据课程标准的要求，简述本单元作业设计的理论、作业实践对学生核心素养发展的价值）	
为了落实"双减"工作，深化教育领域综合改革，能把立德树人落到实处。依据《义务教育化学课程标准（2022年版）》要求，着眼建设初中化学高质量教学体系，遵循化学教与学的规律，体现以人为本的教育理念，以促进学生的身心发展为终极目标。我校化学科组结合初中化学学科特点，依托《基于国家课程校本化实施的学科育人路径探索》课题的分课题《基于模型认知视角下的初中化学单元整体教学实践研究》为抓手，开展化学学科育人路径探索，将各项教育教学活动与学科育人相关联。作业设计作为学校教育常规工作的一部分，也需要切实发挥作业育人功能，促进初中化学作业设计的规范性、科学性，增强作业实施的有效性，有效实现"减负提质"。王月芬教授在《重构作业》中提出：课程视域下的作业设计，更加强调的是一种科学的作业设计范式，强调"单元视角""目标导向""系统设计"和"诊断改进"等。因此，在以"一个观念、一个专题、一个关键能力、一个真实问题、一个项目任务或一个核心概念等"为"单元"，进行单元整体作业设计时，需要明确作业内容，控制作业难度和总量，分层次、分角度、分梯度进行有效的作业统筹，做到关注学生个体差异、注重作业与教学的协同、系统设计作业、注重反思与改进，从而促进初中化学作业设计的规范性、科学性，增强作业实施的有效性，实现"减负提质"，切实发挥作业育人功能，激发学生对物质世界的好奇心，形成物质及其变化等基本化学观念，发展科学思维、创新精神与实践能力，养成科学态度和社会责任，为学生的终身发展奠定基础。接下来我将从《基于核心素养导向下的"性质与应用"主题单元作业设计——以"酸"为例》，对单元整体作业设计进行说明	

续表

单元作业目标（根据课程标准和学生实际，指向学科核心内容、核心素养的落实，设计单元学习目标）

（1）能依据物质的组成对物质进行分类，熟练地列举一些简单常见的酸

（2）能通过实验准确地说明酸的主要性质，并能用化学方程式表示

（3）能举例说明酸性质的广泛应用及性质与用途的关系

（4）能利用常见酸的性质，分析、解释一些简单的化学现象与事实

（5）能准确检验溶液的酸碱性

（6）能运用研究物质性质的一般思路与方法，从物质类别的视角，依据金属活动性顺序、中和反应等，初步预测常见的酸的主要性质，设计实验方案，分析、解释有关的实验现象，进行证据推理，得出合理的结论

（7）能基于真实问题情境，依据常见物质的性质，初步分析和解决相关的综合问题

（8）能基于物质的性质和用途，从辩证的角度，初步分析和评价物质的实际应用，对空气和水体保护、资源回收、化学品合理使用等社会性科学议题展开讨论，积极参与相关的综合实践活动

单元内容分析（说明本单元所属的类别，阐述本单元教材地位、内容结构、重构整合）

通过对人教版九年级上下册《化学》教材中涉及"性质与应用"相关的每个单元、课题、课时分析，发现对"身边的化学物质"的认识发展呈现出"具体物质识别→具体物质研究→类别物质研究"的学习进阶。从人教版九下《化学》教材中的《第八单元 金属与金属材料》开始，学生要关注一类物质的学习，其认识物质的角度与具体物质研究相同，但学习类别物质还要关注同类物质的共性和差异性。

"酸"是人教版九年级下册《化学》教材中第十单元《酸和碱》的核心概念，涉及该单元的两个课题与两个实验活动。从教材顺序看，酸是继金属之后，学生系统学习的第2类物质，在巩固对一类物质研究的基础上，也为后面继续学习碱和盐打下基础

单元作业设计思路（介绍单元作业设计实施的思路，包括课时分配、作业类型、完成时间、难度、差异、结构等安排，以结构图等形式整体呈现单元内课时作业间关联等）

课型	课题内容	课时	作业类型	完成时间	难度	结构	差异
新授	酸碱指示剂 几种常见的酸	1	书面	10分钟	0.7	基础+拓展	B+及以下基础 A及以上基础+拓展
新授	酸的化学性质	1	书面	10分钟	0.7	基础+拓展	B+及以下基础 A及以上基础+拓展
新授	中和反应及其应用	1	书面	10分钟	0.7	基础+拓展	B+及以下基础 A及以上基础+拓展
实验	酸的化学性质 溶液酸碱性的检验	1	实践	1周	0.6	合作	学生协作完成

四、评价与效果

新修订《义务教育化学课程标准（2022年版）》中强调"树立科学评价观，重视发挥评价的育人功能。"依据新课标要求，在初中化学"物质的性质与应用"主题单元整体教学实践中，坚持核心素养导向的评价，加强过程性评价，改进终结性评价，深化探索综合评价，探索增值评价，从而实现"以评促学、以评促教"。

（一）以核心素养为导向，落实"立德树人"的根本任务

发展学生的化学学科核心素养是落实"立德树人"根本任务的必要条件，也是化学学科育人价值的集中体现。因此，在"物质的性质与应用"主题单元整体教学实践过程中，要依据新课标要求，对涉及的化学观念、科学思维、科学探究与实践、科学态度与责任进行全面分析与关注。

以"物质的性质与应用"主题单元中核心概念"酸"的教学为例（如下图6-19），从新课标的内容要求上看，"酸"属于"主题2 物质的性质与应用"研究的核心知识，就其内容结构而言，它与主题1~5都有联系，这就要求学生基于大概念"物质的多样性"的统领下，通过科学探究与模型认识的方式，从身边常见的盐酸、硫酸的宏观现象入手，认识其性质与变化，运用分子、原子与元素等物质构成知识来表征解释，然后应用所学的化学知识认识与解决社会生活问题（探究土壤酸碱度对植物生长的影响），体现了"化学源于生活，服务于社会"的理念。从图6-19中不难看出，在教学中关注到的大概念属于化学观念，基本思路与方法属于科学思维，必做实验及实践活动属于科学探究与实践，重要态度属于科学态度与责任。

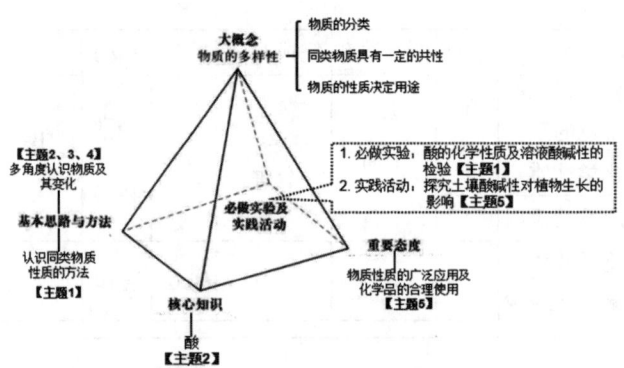

图6-19 "物质的性质与应用"学习主题中核心概念"酸"的内容结构

（二）关注评价目标及内容与核心素养、学业要求、学业质量的一致性

课标中呈现的学业质量标准是以化学课程对核心素养的目标要求为依据，体现了课程目标的达成程度，是试题命制的重要依据，对教学和评价实施具有重要的指导作用。课标中每个学习主题的学业要求是课程目标和学业质量在学习主题层面的具体表现期望。以"物质的性质与应用"主题单元中核心概念"酸"的教学为例，通过对课标中核心概念"酸"的学业质量标准与学业要求的分析，明确学生的学习活动任务和核心素养目标（如表6-3）。

表6-3 单元学习任务达成的核心素养目标

学业质量 （节选）	学业要求 （节选）	"酸"单元的学习内容、评价目标及要求	
		单元的学习内容	具体的评价目标及要求
1. 在认识物质组成、性质及分析相关实际问题的情境中……能举例说明物质组成、性质和用途的关系 2. 在探索化学变化规律及解决实际问题的情境中……能依据物质类别及变化特征、元素守恒、金属活动性顺序等，预测、判断与分析常见物质的性质和物质转化的产物 3. 在实验探究情境和实践活动中……设计简单的实验探究方案	1. 能举例说明化学科学对促进社会发展的重要作用，列举化学家创造的对日常生活有价值的物质 2. 能依据物质的组成对物质进行分类，熟练地列举一些简单常见的酸 3. 能通过实验准确地说明酸的主要性质，并能用化学方程式表示 4. 能举例说明酸性质的广泛应用及性质与用途的关系 5. 能利用常见酸的性质，分析、解释一些简单的化学现象与事实	1. 能依据物质的组成对物质进行分类，熟练地列举一些简单常见的酸 2. 能通过实验准确地说明酸的主要性质，并能用化学方程式表示 3. 能举例说明酸性质的广泛应用及性质与用途的关系 4. 能利用常见酸的性质，分析、解释一些简单的化学现象与事实 5. 能准确检验溶液的酸碱性 6. 能基于真实问题情境，依据常见物质的性质，初步分析和解决相关的综合问题	1. 能依据物质的分类，列举出一些简单常见的酸与碱 2. 能说出酸碱指示剂在酸碱溶液中的颜色 3. 能列举盐酸和硫酸的主要物理性质 4. 能说出盐酸和硫酸具有较强的腐蚀性 5. 能列举酸在生产、生活中的应用 4. 能用化学方程式说明酸能与金属、金属氧化物、碳酸盐发生化学反应 5. 能运用酸的性质解释常见的现象 6. 能从元素组成和微观角度解释酸具有相似化学性质的原因 7. 能推导其他酸的化学性质，并用化学方程式表示

续表

学业质量 （节选）	学业要求 （节选）	"酸"单元的学习内容、评价目标及要求	
		单元的学习内容	具体的评价目标及要求
4.在常见的生产生活和社会情境中，能初步运用化学观念解释与化学相关的现象和事实……主动关注有关空气和水资源保护、资源回收再利用、健康安全、化学品妥善保存与合理使用等实际问题，并参与讨论……	6.能准确检验溶液的酸碱性 7.能基于真实情境，从元素、原子、分子的视角分析有关物质及其变化的简单问题，并作出合理的解释和判断…… 8.能利用化学反应及绿色环保理念设计实验方案，完成常见物质的制备、检验等任务…… 9.能从物质的组成及变化视角，分析和讨论资源综合利用、材料选取与使用、生态环境保护等有关问题……	7.能运用研究物质性质的一般思路与方法，从物质类别的视角，依据金属活动性顺序、中和反应等，初步预测常见的酸的主要性质，设计实验方案，分析、解释有关的实验现象，进行证据推理，得出合理的结论 8.能基于物质的性质和用途，从辩证的角度，初步分析和评价物质的实际应用，对空气和水体保护、资源回收、化学品合理使用等社会性科学议题展开讨论，积极参与相关的综合实践活动	8.能用化学方程式说明酸与碱发生中和反应。 9.能列举中和反应在生产、生活中的应用 10.能寻找证据证明酸和碱的中和反应发生 11.能从元素组成和微观角度解释酸与碱发生中和反应的原因 12.能推导其他酸与碱的中和反应，并用化学方程式表示 13.会按要求完成盐酸、硫酸的性质实验 14.能选择适宜的反应物，设计实验验证以上常见酸的性质 15.能根据常见的实验现象，推导酸的种类 16.能依据常见酸的性质，设计方案解决有关物质检验、鉴别和除杂等问题 17.能说出常见指示剂（石蕊、酚酞）在酸溶液中的颜色 18.会用酸碱指示剂（石蕊、酚酞）检验溶液的酸碱性 19.能根据指示剂颜色的变化，推导溶液的组成

（三）加强过程性评价，注重"教—学—评"一体化

新课标倡导基于证据诊断发展学生的核心素养，重视实践活动的评价。通过加强过程性评价，在"教—学—评"一体化实施过程中，来对学生的核

心素养培养目标的达成情况进行评价。以"物质的性质与应用"主题单元中核心概念"金属"的教学为例，通过多种形式收集学生在进行"探究金属的物理性质"实验活动中的表现证据，作出诊断和评价，并进行有针对性的教学指导（如表6-4）。

表6-4　过程性评价

活动与问题链	教学评价
【活动-1】请同学们结合桌面上的器材和用品，分小组设计一个简单的实验方案，验证你所知道的铜、铁、铝的其中一个性质或用途，填写实验报告单，分小组汇报 【讨论】根据各小组汇报的实验数据，讨论"铁、铝、铜"的物理性质是否完全相同？哪些属于共性，哪些属于差异性 【画画】依据上述讨论，画出研究金属性质的一般思维与方法模型图	【评价活动5】 （师生）评价学生对分析数据，获得结论的水平层次： 水平1：能根据小组实验数据，进行分析，作出错误的回答 水平2：能根据小组实验数据，进行分析，作出正确的回答，不能归纳出研究金属性质的思路模型 水平3：能根据小组实验数据，进行分析，作出正确的回答，并能归纳出研究金属性质的思路模型

（四）注重提高学生自我评价与自我反思的能力

学生自我评价属于综合评价方式之一，通过合理选取与设计评价指标、科学分配评分标准，及时反馈学生的学习状态，帮助学生反思和调整学习方法。以"物质的性质与应用"主题单元中核心概念"酸与碱"的复习课教学为例，通过设置学生自评量表，将量化评价与质性评价相结合，调动学生学习的积极性与主动性（如表6-5）：

表6-5　学生自评量表

内容	评价标准与表现描述	得分
酸碱的性质	3分：我能够掌握酸碱的性质	
	2分：我知道一些酸碱的物理性质或化学性质，未完全掌握	
	1分：我还未掌握酸碱的性质	
酸碱的检验	3分：我能够掌握检验酸碱的方法	
	2分：我知道酸碱的检验方法，未完全掌握	
	1分：我还未掌握检验酸碱的方法	

续表

内容	评价标准与表现描述	得分
性质与应用	3分：我能够将物质的性质与应用相对应，相互推导、运用	
	2分：我能够掌握物质的性质，但不能与应用相对	
	1分：我未能掌握物质性质与应用之间的关系	
小组合作	3分：我完整参与，积极思考，并能够提供自己的观点	
	2分：我有完整参与，参与讨论但是无独立见解	
	1分：我游离于小组之外，或较少参与	
化学态度	3分：我明白化学的作用与价值，对化学十分期待	
	2分：我认同化学的作用与价值，能够认真学习化学	
	1分：我对化学没有明显感觉，甚至有些畏难情绪	

（五）充分发挥评价的诊断功能，为教师的教学改进提供证据支持

教学中应加强诊断与导向并举，关注课堂教学的有效性。以"物质的性质与应用"主题单元中核心概念"酸"的教学为例，为了加深对"浓盐酸的挥发性与浓硫酸的吸水性"的理解，课堂会对其敞口暴露于空气中"溶质、溶剂、溶液的质量及溶质质量分数的变化"进行讨论；为了诊断与评价课堂教学的效果，则在课后作业中设置相应的题型进行考查。

五、总结与反思

通过初中化学"物质的性质与应用"主题单元整体教学实践，对于化学学科育人思路有以下几点思考：

（1）引导学生对物质的认识，应由靠背记对物质静止、孤立的认识，向多角度关联对物质动态、系统的认识转变，使学生能认识到研究物质性质的巨大价值。将所学知识联系生活实际，即基本理论与实践相关联，从问题出发，突显科学和社会关系上的价值取向。因此在教学实施过程中，对物质的认识应多采用情境教学、实验探究、小组合作学习等教学形式。

（2）帮助学生能够体会物质的组成、结构、性质、用途和制备等知识的内在联系，构成学生学习物质时的稳定方式，形成多角度认识"身边化学物质"的认知模型，提炼出不同物质的认知思维模型。例如：从多角度认识"身

边化学物质"的认知模型中,提炼出类别物质的认知模型。

(3)有目的地引导学生对一种典型代表物质的研究,扩展到对一类物质的研究,打开学生认识物质的视角和思路,教学中可使用类比教学法。例如在研究"碱的化学性质"时,以 NaOH 和 Ca(OH)$_2$ 为典型的代表物,由学生熟知典型反应来预测碱的性质:根据物质的结构决定物质的性质,比较物质结构的不同,分析出物质的类别,从类别的角度探究一类物质的相似性和差异性,体现了对一类物质的研究思路与方法,也可用于同一类别陌生物质性质的研究。

(4)对于水溶液这一类混合物的认识,需在新课标要求下,帮助学生厘清对水溶液的认识发展线索。以"溶质质量分数的水溶液定量认识水平发展线索(如下图 6-20 所示)"为例:在学生完成学习溶质质量分数的概念及表达式后,让学生在常温下完成配制 10% 的 NaCl 溶液这个任务时,我们会发现学生大部分会取 10gNaCl 与 90g 水,少数学生会取 20gNaCl 与 180g 水,另外少数学生会选择 100g 水,在有提示的情况下,部分学生能意识到溶质可以选任意质量,再通过调节溶剂可保证浓度为 10%,这反映了学生对溶液浓度的认识只能关注到具体量,而不深入关注比例量的认识。因此在水溶液这一类混合物的认识上:对于溶液形成的学习,要关注从宏观到宏微结合的认识发展;对于溶液相关概念的学习,要关注静态孤立到动态关联的认识发展;对于溶解度与溶质质量分数的学习,除了要关注定性到定量的认识发展,还需要引导学生:在定性的视角下从整体到基于组分来认识溶液,在定量的视角下从溶液组分的具体量到比例量来认识溶液,以及"限度"的思想。

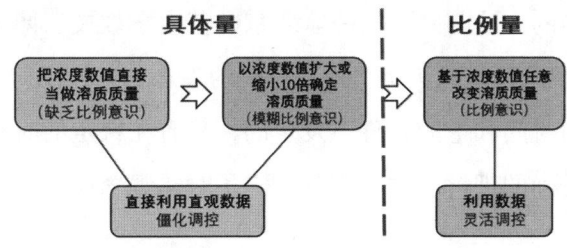

图 6-20 基于溶质质量分数的水溶液定量认识水平的发展线索

第七节　初中历史课程实施学科育人实践案例

一、初中历史学科校本表达

习近平总书记多次强调，课程教材要发挥培根铸魂、启智增慧的作用，必须坚持马克思主义的指导地位，体现马克思主义中国化最新成果，体现中国和中华民族风格，体现党和国家对教育的基本要求，体现国家和民族基本价值观，体现人类文化知识积累和创新成果。基于这一指导思想的引领，2014年12月，教育部正式启动我国普通高中课程标准的修订工作。本次修订工作旨在贯彻落实立德树人根本任务，通过研制我国核心素养体系，将基于核心素养的学业质量标准融入课程标准，引导和促进学习方式和育人模式的根本转型，从而实质性推动和深化我国基础教育课程改革。2017年，教育部正式颁布的《普通高中历史课程标准（2017年版）》明确提出了"唯物史观、时空观念、史料实证、历史解释、家国情怀"的历史学科五大核心素养，同时也指出：学科核心素养是学科育人价值的集中体现，是学生通过学科学习而逐步形成的正确价值观念、必备品格和关键能力。2022年版的《义务教育历史课程标准》也新增了历史学科核心素养的部分，从内容上看二者几乎是一致的。从中我们不难看出，现在的历史课程更加注重历史知识的内化、实践和应用。基于此，我们也可以窥探到，"时空观念"既是学科核心素养，也是贯彻学科素养的方法与路径之一。北京师范大学教授、博士生导师朱汉国就认为，"时空观念"是最具历史学科特征的观念之一。任何历史事物都是在特定的、具体的时间和空间条件下发生的，只有在特定的时空框架当中，才可能对史事有准确的理解。这也充分肯定了时空观念作为历史学科五大核心素养的重要性。

历史"时空观念"是历史学科核心素养之一，既是历史学科的学科特点，也是一种思维方式。北京师范大学教授、博士生导师朱汉国就认为,从认识层面上讲,时空观念包括两个基本观念,时序观念和空间观念,时序观念有助于我们认识历史上的发展、变化、延续、曲折、倒退等。空间观念有助于我们认识历史的内在联系、多面性、多样性和总的特点,从运用层面上讲,时空观念有助于我们运用各种时间术语描述过去,能够按照历史时间顺序和地理因素,建构历史事件、历史人物、历史现象之间的相互关联性,理解历史上的变迁、延续、发展、进步等的意义,并对史事作出合理的解释,进而在认识现实社会时能够将认识的对象置于具体的时空条件下进行考察和分析。从中,我们认识到,培养学生历史时空观念,对学生发展历史思维、提高历史素养发挥着基础性作用。反之,学习历史,如果脱离时空观念,则无从分析各历史事件之间的因果联系,也无法掌握历史发展的规律性。因此,把握初中阶段学生应掌握的历史时空观念水平层次,界定初中学生历史时空观念的范畴,探索初中学生历史时空观念培养路径等已成为当下推进历史核心素养教育的重要环节之一。这将进一步增强初中历史学科的结构性,引导初中阶段历史教学的改革,为学生开展高中历史学习与接受高等教育打好基础。

二、初中历史学科校本表达与历史地图在初中历史教学中运用的策略

初中历史新课标中的教学建议指出,教学时要灵活采用多样化的教学方式和方法,充分利用多种历史信息资源,突出历史教学的特点。同时在课程资源开发与利用建议中也指出:学校应有意识地调整图书馆或资料室的藏书结构和规模,合理配置人文社会科学方面的书籍,如通史著作、历史刊物、历史文物图册、历史地图、历史图表等方面的读物,以供学生查阅,丰富学生的社会、人文知识,加深他们对课程内容的理解。

历史地图作为中学历史教学中重要的课程资源,具有史料性、简易性和形象性的特征。它可以作为教学工具,促进学生对学习内容的掌握;也可

以作为史学材料，促进学生思维能力的提高；还可以作为活动对象，培养学生的操作技能。可以说，历史地图在历史教学中的应用途径是多方面的。因为历史地图可以直观反映政治、经济、思想等方面的内容，包含着丰富的信息，在课堂教学中有着文字不能代替的作用。将历史地图运用到课堂教学中既能培养学生的空间感和时空观念，还能弥补教材文字不够直观的不足。此外，历史地图用地图的形式给人以强烈的时间和空间的概念与变化，隐含着文字所不能表达出来的信息，凭直接得来的印象是特别稳固的，甚至对抽象的概念，我们也可以轻易地巩固，记在已经嵌入我们脑中的图画上。没有这幅画，抽象的概念很快就会被遗忘了。因此研究历史地图的中学历史教学中的应用是有极大意义的。

目前学术界涉及历史地图教学的理论性研究著作主要有：周春元的《中学历史教学法》、黄慕洁、白月桥的《中学历史教学》、赵恒烈的《历史教育学》及干树德的《中学历史地图教学概论》等。其中尤以干树德的《中学历史地图学概论》为代表，此书集合了20世纪80年代历史地图相关研究的优势，系统地介绍了有关历史地图教学的知识，对历史地图进行专题讲解，改变了之前没有专著的局面，书中论述了中学历史地图的教学特点和方法，对提高教师运用历史地图教学效率的研究有着重要的参考价值。

学术论文方面的研究成果丰富，大致可分为以下几类：①针对历史地图的分类研究；②针对历史地图的应用价值研究；③针对历史地图在历史教学中的方法和策略研究。这些学术论文大部分是来自一线教师根据长期实践总结出的经验，再在深入分析有关历史地图教学的理论基础上撰写完成，对提高中学历史教学水平起着重要的指导作用。但这些文章大部分是局限在某一方面对历史地图教学开展的研究，缺乏全面的、规律性的认识，这也成为本课题试图解决的问题之一。

综上所述，本课题将着眼于运用历史地图，针对初中学生在学习历史学科时所必须掌握的历史时空观念开展实证研究，初步探索适合义务教育（7—9年级）发展需要的初中历史时空观念能力并提出相应的培养策略。

三、教学案例

单元教学设计	
单元名称	八年级下册中国现代史
单元类型	重构单元
单元教学设计说明	
2022版义务教育历史课程标准提道，中国现代史自中华人民共和国成立至今，叙述全国各族人民在中国共产党领导下，进行社会主义革命、建立社会主义制度、推进社会主义建设、进行改革开放、走中国特色社会主义道路、建设社会主义现代化国家、开创中国特色社会主义新时代的历程，展现了中华民族从站起来、富起来到强起来的伟大飞跃 　　中国现代史也就是中华人民共和国的历史，是距离学生最近的历史。从历史课程本身的特点出发，将中国现代历史的发展历程置于整个中国历史长河中去理解，引导学生认识中国特色社会主义道路源于中国特色的历史发展道路	
单元目标与重点难点	
能够了解中国现代史发展的基本线索和重要事件、人物、现象；能够理解中国走社会主义道路的历史必然性和探索这条道路的艰巨性和曲折性	
单元整体教学思路（如图6-21）	

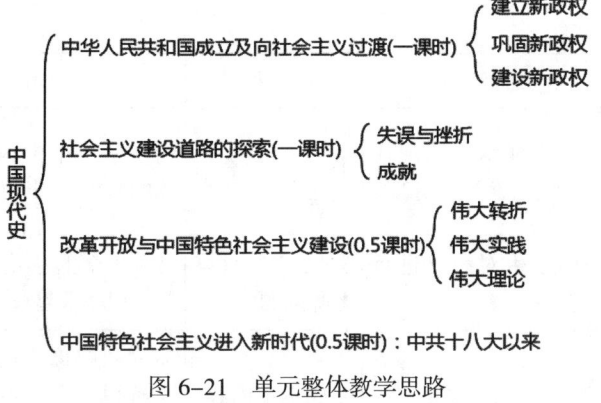

图6-21　单元整体教学思路

课时教学设计	
课题	中华人民共和国成立及向社会主义过渡
教学内容分析	
中国现代史自中华人民共和国成立至今，叙述全国各族人民在中国共产党领导下，进行社会主义革命、建立社会主义制度、推进社会主义建设、进行改革开放、走中国特色社会主义新时代的历程，展现了中华民族从站起来、富起来到强起来的伟大飞跃	

续表

学情分析
本节课面对的群体是初三学生，此时初中阶段全部的历史课程新课已经授课完毕，学生已经具备基本的历史素养和掌握基础的历史知识。而且经过三年的学习，学生对历史整体的把握和理解程度也有所提升，包括中国史、世界史、中国与世界的历史联系等，所以在复习课的设计上，采用的是大单元的教学，对教材内容进行重新整合

教学目标及重难点
了解中国人民政治协商会议召开、开国大典，认识中华人民共和国成立对中国和世界历史的伟大意义；知道抗美援朝、土地改革，理解其对巩固人民民主政权的意义；通过《中华人民共和国宪法》的制定，以及人民代表大会制度、中国共产党领导的多党合作和政治协商制度、民族区域自治制度的确立，认识当代中国政治制度的内涵及意义；了解"一五"计划、"三大改造"、开创独立自主的和平外交，理解建立社会主义制度的重要意义 重难点：认识新中国成立的国际、国内意义；认识抗美援朝、保家卫国的争议性；知道土地改革运动巩固了政权，为国民经济的恢复和发展创造了条件；了解新中国成立后在经济上和政治上的建设——"一五"计划和人民代表大会制度；生产资料私有制向社会主义公有制的转变，标志着中国进入社会主义初级阶段

教学过程设计

教学环节	教师活动	学生活动	设计意图
中国现代史发展线索及分期	给学生展示中国现代史发展线索及分期	框框内容挖空，学生在学案中填写	给学生整个中国现代史一个总体的脉络，利于后面分期复习
教材分析	协助学生对教材进行分析	学生口头回答老师问题	有利于学生将历史分析和教材具体知识联系起来
建立新政权	协助学生分析材料	完成学案内容，举手回答	借助两幅课本的图片，让学生写解说词，复习了新中国建立新政权之时两个重要历史事件：政治协商会议和开国大典
巩固新政权	协助学生分析材料	完成学案内容，举手回答	根据当时的史料分析当时中国面临的内部挑战，因此需要学生分析需要采取怎样的措施来巩固新生政权。培养学生学会依靠可信史料了解和认识历史

续表

教学环节	教师活动	学生活动	设计意图
	复习到"土地改革",教师设计了一个"中国封建社会瓦解的进程"时间轴,根据时间或者意义,让学生填空	完成学案内容,举手回答	让学生知道中国封建社会的瓦解是一个漫长的过程
显示时间轴	材料显示两条时间轴:同时期的中国史和世界史	完成学案内容,举手回答	通过同时期的中国和世界作对比,让学生分析新中国成立的国际背景,让学生学会在具体的时空条件下考察历史,培养学生时空观念
引入巩固新政权措施	用课本中周恩来的图片,引入巩固新政权的另外一项措施——独立自主的和平外交政策	完成学案内容,举手回答	利用图片,让学生认识到杰出历史人物的贡献和伟大,对巩固新政权起到了极大的促进作用
归纳	复习完以上内容,让学生自主进行归纳	完成学案内容,举手回答	有利于培养学生自主学习和归纳知识的能力
分析材料	协助学生分析材料	完成学案内容,举手回答	巩固新政权后是如何建设新政权,给出当时的史料分析当时中国面临的内部挑战,因此需要学生分析需要采取怎样的措施来巩固新生政权。培养学生学会依靠可信史料了解和认识历史
完成板书	教师对本课进行总结,完成板书	跟着教师一起复习回忆	对本课内容进行小结归纳,回到基础

续表

板书设计（图6-22）

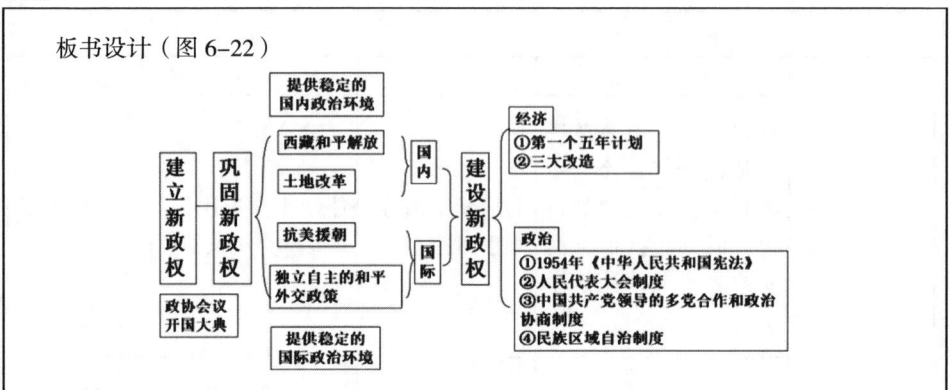

教学反思与改进

在实际上课的过程当中发现，学生对部分基础知识掌握得不够扎实或者已经遗忘，所以在分析材料的过程中，需要花比较多的时间去翻阅教材和需要教师多次的提醒，表明在分析史料的过程当中，历史的基础知识还是很重要的，我们在进行大单元学习和复习的过程中，也不能抛弃学生基础的掌握。所以最后也导致了本节课课堂时间比较紧，需要再次调整课堂内容的安排

对于"中国特色社会主义民主政治"这部分内容的复习，历史老师自以为学生在道德与法治课堂上学习得比较深入，因此对于这部分内容教师选择略讲，并没有重点复习，在课堂小结部分直接带入，但是发现学生在道法课学习的以及历史课中学习的知识着重点不一样，而且学生掌握得也并不好，所以不能依赖道法老师，在下一次的教学设计，当然应该适当地加入"中国特色社会主义民主政治"这一部分的内容，才有利于学生知识点整体的构建和联系

学习评价设计

一、基础题（广东省、深圳市中考真题）

1.1949年9月，在中国人民政治协商会议第一届全体会议上，毛泽东说："占人类总数四分之一的中国人从此站起来了。""中国人从此站起来"是指中国实现了（　　）

　　A. 全境解放　　B. 社会主义　　C. 国家富强　　D. 民族独立

2. 中华人民共和国的成立开辟了中国历史新纪元。对"新纪元"的理解，

正确的是（　　）

A. 中国取得了抗日战争的胜利

B. 中国结束了两千多年的封建帝制

C. 中国进入了社会主义现代化建设新时期

D. 中国结束了一百多年以来被侵略被奴役的历史

3.1953年，周恩来在谈到大规模经济建设问题时说："所谓集中主要力量，不是集中一切力量，不是要冒进，不是搞重工业，其他问题都不搞了。"周恩来讲话的主旨是（　　）

A. 集中力量优先发展重工业　　B. 剖析社会主义改造的得失

C. 强调国民经济稳步协调发展　　D. 反思"大跃进"出现的问题"

4. 如图6-23，1950-1978年中国经济增长的总体趋势是（　　）

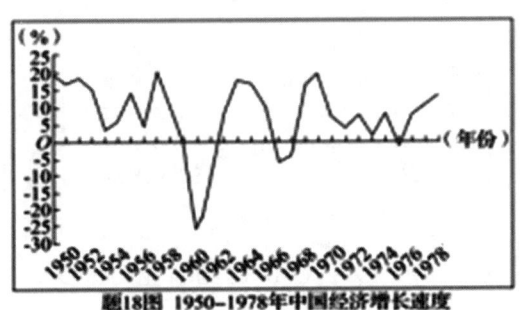

图6-23

A. 快速上升　　B. 曲折发展　　C. 缓降缓起　　D. 持续下滑

5. 在《财富》世界500强排行榜中，1990年中国只有1家国有企业上榜；到2018年达120家，其中国有企业有83家，约占70%。这表明（　　）

A. 中国国有资本的迅速壮大　　B. 农村经济体制改革成效显著

C. 全方位对外开放格局形成　　D. 城市经济体制改革目标实现

6. 改革开放初期有学者认为经济特区会沦为日本的"租界"，利用外资创办中外合资企业是西方国家资本输出、经济侵略的表现。这反映出当时（　　）

A. 经济全球化的逆转　　B. 对特区的认识存在分歧

C. 全面开放格局形成　　　　D. 国有经济失去主导地位

7. 一位学者评论：在《中美联合公报》中，尼克松做了一个让步，但它或许是达成一项和解最小的让步，从长远来看……增进了世界和平的前景，尼克松的"让步"是指承认（　　）

A.《朝鲜停战协定》　　　　B. 中日邦交正常化

C."一个中国"的原则　　　　D. 中国加入联合国

8. "大国是关键，周边是首要，发展中国家是基础，多边是重要舞台。"这反映出中国特色大国外交的总布局是（　　）

A. 独立自主的和平外交　　　B. 和平共处

C. 求同存异　　　　　　　　D. 全方位、多层次、立体化

9. 运用下列史料（图6-24），可以设计出有关中国历史的探究主题是（　　）

| 如仿车，以细竹为之，车骨之末，缚以竹筒，旋转时低则自水，高则泻水。 | 真宗深念稼穑，闻占城稻耐旱，西天菉豆子多而粒大。各遣使以珍货求种。 | 抛秧不停手，左右无乱行。被将教快马，代劳民莫忘。 | 他毕生的梦想，就是让所有的人远离饥饿。喜看稻菽千重浪，最是风流袁隆平。 |

图6-24

A. 农业技术的发展　　　　B. 医药事业的进步

C. 思想文化的繁荣　　　　D. 政治制度的演变

10. 当前，世界正处于大发展、大变革、大调整时期，世界需要中国智慧、中国理念、中国方案。在这样的时代背景下孕育产生，丰富发展起来的理论是（　　）

A. 马克思主义　　　　　　B. 毛泽东思想

C. 邓小平理论　　　　　　D. 习近平新时代中国特色社会主义思想

二、能力提升（材料分析题）

地方志是全面系统地记述行政区域政治、经济、文化、社会等方面的历史与现状的资料文献。以下内容节选自《辽宁省志大事记》，阅读材料，完

成下列要求。

材料：1949年10月1日15时，中华人民共和国开国大典在北京隆重举行。根据东北人民政府指示，辽东、辽西省开始建立县、区、村人民代表会议或人民代表大会制度。秋冬两季，辽东省5 903个村普遍召开了人民代表大会，选举村干部，讨论决定当地的重大事宜。

1953年2月金县一区八里村成立全国第一个生产资料集体所有的"金县友谊果树集体农庄"，由55户组成。

3月11日中国第一座自动化高炉——鞍山炼铁厂8号高炉建成并开工生产。19日，周恩来同志到鞍钢视察了8号高炉。

5月15日中苏两国政府在莫斯科签订协定，苏联政府援助中国建设与改建91个企业。……这些重点工程共完成投资29.35亿元。

1956年1月辽宁省在进行农业合作化全面规划的同时，将行政村制改为乡制。全省原有10 928个行政村，改划为2 520个乡。

1956年2月底，全省资本主义工业企业2 910户全部实行公私合营，私营商业（包括小商贩）有60%左右实行公私合营。

请回答：

提取材料信息，说明上述材料对研究新中国成立初期社会变革有哪些史料价值。

四、评价

（一）评价概述

历史教师主要以《义务教育历史课程标准》（2022年版）中的"课程目标"和"课程内容"为依据，注重目标、教学和评价的一致性，采用科学、可行和多样的方法，设计或提供各种形式的评价任务，以此来掌握学业质量情况。在这个过程中，我们的主要目的是全面了解学生学习历史的过程和结果，激励学生学习，促进学生的学业进步和全面发展，以及改善教师的教学和提高教学质量。评价的主要原则是注重将诊断性评价、形成性评价与终结性评价相结合，注重教师评价与学生自我评价、同伴评价相结合，注重量化评价与质性评价相结合。

（二）学生历史学习评价过程的特点

基于以上这一认识，我们认为对于学生历史学习的评价过程要具有以下几个特点：实操性、客观性、有效性。

1. 实操性

教师课堂历史教学的时间是固定的，学生学习历史学科知识的时间是有限的。这决定了我们制定的历史评价方式一定要具有实操性。从教师的角度看，教师通过学科评价，需要了解学生是否有按照老师的要求做好课前的预习准备，课上学生是否有积极参与到课堂的教学中，在课堂中一系列活动中，学生有没有紧紧跟着老师的节奏进行思考并学习，同时学生还存在哪些知识性的问题。教师只有了解了以上这些情况，才能更好地了解学情，做到有的放矢，不断改进自己的教学策略，进而不断提高自己的教学水平，让学生受益。从学生的角度看，学生需要在学科评价中，知道自己哪些方面是做得比较好的，可以继续坚持，哪些方面是不足的，今后继续努力。而且这个过程最好能够一目了然，不占用学生更多的时间。其次，学生的学习过程是一个不断探索未知领域的过程，同时也是不断激发对已知领域再认识的过程，他们需要将已有知识和新知识建立某种联系，他们需要表达出来，但由于受到课上时间的限制，不能一一说给老师和同学聆听，因此可以让学生用文字表达出来。

2. 客观性

对客观事物的评价往往是具有主观性，但是，我们更希望对客观事物做出客观性的评价，这就需要我们从多个方面对客观事物进行评价，力求达到评价的客观性。基于此，我们在进行历史学科评价方面主要从自己、同学、老师三个方面进行评价。学会对自己进行评价是自我成长很重要的一个方面。这个过程可以不断加深对自身的了解和认识，有利于自我暗示并逐渐向更好的方向发展。学会对他人进行比较客观的评价，同样是自我成长过程中不可或缺的一部分，这不仅有利于学生看到他人的优点与不足，学会客观评价人和事,而且有利于学生通过他人审视自己,既帮助学生有效认识他人,也帮助学生认识自己。教师从长者、师者的角度对学生进行评价。这是三种评价综合分析,使之更加接近真实的客观事实。

3.有效性

有效性是教师、学生共同追求的目标。教师希望通过学科的评价既能对学生的学业水平做出诊断性、激励性,又能对学生的学业水平做出终结性。因此,我们通过学习态度、参与程度、学习成果、存疑等方面的了解,让老师了解,课前学生有无认真预习,课上学生有没有积极思考并回答问题。学生在学习的过程中还有哪些问题有待解决,学生教师针对这些问题反思并提高自己的教学水平,同时用自己的方式帮助学生解决问题,助力学生的成长。学生通过课上学习的效果是怎样的,也是老师关心。学生也希望通过学科评价知道自己的优势和不足,并且希望在快乐的学习氛围下掌握新的知识。因此,学科评价的有效性是十分重要的。

为了使学科评价的实践性、客观性、有效性的达成,我们在学生学习过程评价量规表中设定了学习态度、参与态度、学习成果、疑惑与创新等环节。希望通过这几个项目让教师迅速了解学情,让学生较快地了解自己和他人的学习情况,又不会占用老师、学生的很多时间,在实际的教学中基本达到了我们想要达到预期结果。

表6-5　学生学习过程评价量规表

学生学习过程评价量规表					
姓名						
项目	评价等级与标准			评价方式		
	A	B	C	个人评价	同学评价	老师评价
学习态度	能够按照教师要求或自主进行课前预习	能够部分按照教师要求或自主进行课前预习	没有进行课前预习			
	课上认真听讲并认真做笔记	课上认真听讲,部分做笔记	课上认真听讲,没有认真做笔记			

续表

参与态度	积极举手并勇于参与讨论、交流	较少举手发言，有参与讨论与交流	没有举手，没有参与讨论与交流		
学习成果	明确本课重要历史事件，理解事件间的内在联系	明确本课重要历史事件或理解事件间的内在联系	明确部分本课重要历史事件，不能十分理解事件间的内在联系		
疑惑与创新	1. 没有学明白的问题 2. 自己提出的新问题				

五、总结与反思

历史地图在培养学生历史时空观念方面的作用是显而易见的，因此也得到了广大一线教师的重视。我们认为，在历史地图的整个运用的过程中，我们要做好以下几个方面：

（1）历史地图的种类多样，如平面图、疆域图、分布图等，同一时期或不同时期的历史地图也是多种的，这也决定我们在选择历史地图时要注重历史地图的准确性、真实性，优先选用历史教材、历史配套历史图册等的历史地图。

（2）当我们搜集的历史地图比较丰富的时候，我们要紧扣教材并结合教学目标的要求去选用历史地图，虽然说历史地图看似面积不大，却有着丰厚的历史文化和历史知识，但是在实际运用历史地图时并不是越多越好。首先，我们选择的原则：历史地图的内容是否与教材讲授的内容相符。其次，历史地图与我们想要达成的教学目标是否一致。最后，历史地图所承载的历史知识与学生的认知水平是否相符。这些都是我们选用历史地图需要考虑的因素。

（3）教师可以运用现代教育信息技术对历史地图进行再创作。如历史课堂讲解时，想重点强调某地方的地名，可以用闪烁或者圈圆圈的方式呈现。如果想突出某一个区域的不同或者区分出不同的区域，就可以涂上不同的颜色，这样学生就可以很直观地、迅速地理解其中的内涵。如了解一军事作战图,还可以通过箭头的方式形成动态图,当然,我们可以根据我们教学的需要,在不改变历史地图真实性的前提下对历史地图进行再加工,使之更能为我们达成教学目标服务。

(4)实践运用历史地图时,最好是能通过一幅或几幅就能解决相关问题,这样不但能减轻学生学习的压力,而且还能提高学生学习的能力,比如说,通过对历史地图的观察,提高了学生提取信息的能力,通过一个个问题的引导去观察历史地图,会不断激发学生学习的乐趣与动力,在找寻与思考的过程中,学生的注意力、思考问题的能力、语言表达的能力等都会得到进一步提高。

(5)教师根据历史地图进行问题设置时,可以从以下几个方面着手:①地理环境的解读,历史虽然是过去的人们活动的过程,但是它也不是单独存在的,它是人们在一定时空下活动的。从地理的角度解读历史地图,有利于学生了解人们活动的地理环境,比如说地点、气候、地形、降水等,在这一基础上学生能够理解人与自然是相互依赖的关系,了解历史活动发生的时空背景,理解历史活动发生的自然原因。也客观上达到了新课标的精神,即跨学科教学,拓宽学生的视野,提高学生的思维能力。②人文社会的情景再现。历史地图上绝不是简简单单的线条勾勒,历史地图和地理地图一样,甚至更加丰富多彩,那就是历史地图不同的图标代表不同的内容。比如说八上《长征》这幅地图,就能深刻地反映出当时中国共产党领导的红军进行战略大转移时,面对国民党的围追堵截时怎样四渡赤水摆脱敌人的,在这一过程中,我们不仅仅看到的是红军地理位置上的移动,也能感受到当时红军所处的社会环境是十分凶险的。③历史地图也是历史人物活动的舞台。历史地图上的一个个地点是历史人物所走过的地方,历史地图上的一件件历史事件是历史人物活动的过程的浓缩,因此我们通过历史地图能够更加直观、更加深刻地了解历史现象,体会历史发展的内在逻辑,将历史核心素养的时空观念于无形中培育于学生的心中。

"青山遮不住,毕竟东流去"。历史的车轮滚滚向前,科学的脚步不断前进，人们的意识也在不断更新。历史地图的使用，要求我们历史教师要紧随时代的步伐，不断更新我们的教育思想，提高我们的理论水平，反复钻研教材，探索行之有效的教育方法，不断提高我们的教学水平，才能充分发挥历史地图在课堂教学中的作用。2022年《义务教育历史课程标准》要求历史课程要紧紧围绕核心素养，落实立德树人根本任务。在这一过程中我们要立足学生核心素养发展，充分发挥历史课程的育人功能。树立以学生为主体的教学观念，注重学生自主探究的学习活动，鼓励教学方式的创新。综合运用多种评价方式和方法，发挥评价促进学习和改进教学功能。为了促进学生历史学习方式的转变，加强学生运用多学科知识和技能进行综合探究的能力，历史课程设计了跨学科主题学习活动。这一活动重点强调历史、地理、道德与法治、科学等学科的结合，让学生对历史问题进行多角度的思考，并通过多种途径、运用各种手段，使学生在解决问题的过程中得到多方面的发展。历史地图在主题教学中应该发挥更加重要的任务。这也是我们今后继续探索研究的问题。

第八节　初中地理课程实施学科育人实践案例

满足学生发展需要的是地理学科的主要育人价值，对这一问题进行研究可明确地理学科的育人功能，同时为课堂教学策略的优化创造条件，有利于进一步提高地理学科的教学质量[①]。在初中阶段的教育体系中，地理是一门极为重要的学科，它是学生认识世界的重要途径，该学科的研究方法和思维方式为学生提供了认识世界的有益借鉴和参考。通过学习相关知识，学生可以更好地理解人类社会活动与地理环境的关系，更好地适应未来社会的发展。探究地理学科的育人价值，可促使教师反思自身的教学行为，采取多种方式实施有效教学。教师要在教学中激发学生的兴趣，培养学生的实践能力，帮助其树立正确的价值观念。

地理是基础教育中的必修课程。学习地理知识，学生了解生活与周围世界之间的密切联系，从地理学的视角思考问题，逐步形成人地协调观念和可持续发展观念。同时，地理课程具有丰富的内涵和广阔的外延，对学生的终身发展起到重要的推进作用。地理教学中，教师要落实课程标准、制订学习目标，合理整合教材、加强知识联系，还要运用多媒体化解教学难点。只有这样，才能实现地理学科的育人价值。

本书以湘教版八年级下册《长株潭城市群内部的差异与联系》为例，诠释初中地理课程实施学科育人的教学路径。

---

① 肖雪萍. 基于 LICC 范式的初中地理学生学习行为课堂观察——以厦门市湖里中学"台湾地区的地理环境与经济发展"教学为例[J]. 地理教学，2022（3）：24-27.

指向地理核心素养落实的地理教学设计
——以湘教版八年级下册《长株潭城市群内部的差异与联系》为例

一、设计思路

地理的核心素养是由人地协调观、综合思维、区域认知和地理实践力等组成，是最能体现地理学科价值的关键素养。长株潭城市群内部的差异与联系这一堂课可以很好地落实地理核心素养。对于本节课的内容，课标的要求有：运用资料比较区域内的主要地理差异；举例说明区际联系对区域经济发展的意义。本节教学内容主要阐述了长株潭城市群的发展差异与发展联系，因涉及的区域范围相对较小，对于学生来说可能比较陌生，会给教学带来一定的困难。在紧扣本节的主题——区域内部的发展差异与联系，为学生提供足够的学习资源，让学生自主获取知识，构建知识网络，培养学生综合思维能力。在活动开展过程中应引导学生积极思考，大胆展示自己的观点，以提高学生对现实问题的分析能力，培养学生的区域认知分析能力。在长株潭城市群的发展过程中，走过牺牲环境换取经济的老路，在伤痛的历史中感受人地和谐发展的重要性，培养正确的资源观、环境观和发展观，落实地理核心素养的培养。

二、教学目标

（一）知识与技能目标

了解长株潭城市群的地理位置与范围，让学生理解长株潭三市的空间关系与交通联系方式；了解长沙、株洲、湘潭三市的发展差异；分析加强长沙、株洲、湘潭三市联系的具体措施。

（二）过程与方法目标

通过培养学生对图文信息的认定、获取、分析及评价能力，认识长沙、株洲、湘潭三市的发展差异与联系；通过回忆过去的伤痛，展示长株潭城市群走过的污染之路以及痛定思痛后走出的"两型社会"可持续发展之路。

（三）情感态度与价值观目标

了解长株潭城市群"两型社会"的建设，感悟资源节约型、环境友好型社会建设的必要性和重要性。

教学重点与难点：引导学生分析长沙、株洲、湘潭三市的发展差异。

三、教学过程

环节一：美食诱惑，情景导入

这节课一开始介绍这个地方的特色美食，小龙虾、臭豆腐、奶茶等，在一阵热烈的气氛中，导入到本节课的学习中。接下来通过展示地图，学习长株潭城市群的地理位置。地理位置的学习尺度从全国到湖南省，范围从大到小，让学生从宏观到细致构建该区域的地理位置。在此基础上，观看一段视频（视频二维码），从上帝视角，了解长沙、株洲、湘潭的位置，了解长株潭城市群的形成条件：三个城市呈品字形，距离近；有湘江相连，交通便利。

小结：这三个城市彼此之间有联系，城市之间相互影响，不断扩大城市的影响范围，这三个城市逐渐融为一体，形成一个城市群。

环节二：探究长沙、株洲、湘潭三个城市的内部差异

差异1.城市职能：从城市职能来看，长沙是湖南省的省会，也是城市群的中心，湘潭和株洲是长株潭城市群的副中心。

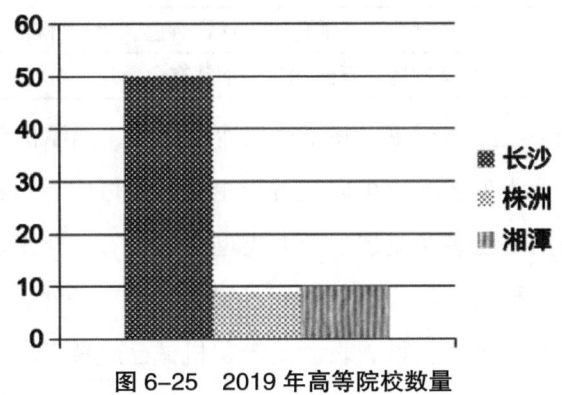

图6-25　2019年高等院校数量

> **城市**　　　　　　　**交通方式**
> 长沙　京广线、京广高铁、长沙黄花国际机场、公路运输、湘江内河航运
> 株洲　京广线、沪昆线、公路运输、湘江内河航运
> 湘潭　公路运输、湘江内河航运

图 6-26　长沙、株洲、湘潭交通方式对比

差异 2. 教育文化状况：展示图 1，学生通过阅读 2019 年长沙、株洲、湘潭高等院校的数量，分析三个城市的教育文化情况，对比得出三个城市教育文化现状。

差异 3. 交通通达性：展示图 2，通过展示长沙、株洲、湘潭可以选择的交通方式，让学生进行对比，判断哪一个城市可以选择的交通路线最多？可以发现，长沙的交通路线最多，交通最为便利。株洲虽然交通数量上不如长沙，但是株洲交通也很发达，有两条铁路线在此交汇，南北走向的是京广线，东西走向的是沪昆线，京广线和沪昆线在株洲交汇，株洲成为我国重要的铁路枢纽，株洲非常发达的交通环境，上达帝都，下达羊城，左望春城，右望申城，物流成本相对较小，物流业非常发达。在株洲火车站不远处，步行几十米的距离可以看到很多大型的服装批发市场。

表 6-6　长沙、株洲、湘潭优势产业增加值规模排名前五产业类型

	优势产业增加值规模排名前五名
长沙	装备制造、卷烟制造、石油化工、食品加工、钢铁有色
株洲	装备制造、石油化工、钢铁有色、建筑材料、食品加工
湘潭	装备制造、石油化工、钢铁有色、建筑材料、食品加工

差异 4. 产业类型：通过展示图 3，长沙、株洲、湘潭优势产业增加值规模排名前五的产业类型，学生可以从各市主导产业可以看出，三市的工业类型很接近，第一名都是装备制造，产业类型中都有石油化工、食品加工、钢铁有色，产业类型接近可以为产业协同发展提供优势条件。以第一名的装备制造为例，长沙侧重工程机械，长沙的工程机械已经覆盖了全球 180 个国家和地区。株洲侧重动力机车，株洲生产的动车打入了欧洲市场、马来西亚市

场。湘潭侧重汽车及零部件制造,这是湘潭市重点打造的两个千亿产业。虽然产业类型很接近,但是具体到门类是有所侧重的,这为这三个城市协同发展、错位发展,有利于发挥比较优势和互补作用。

环节三:分析长沙、株洲、湘潭三个城市的联系

展示阅读材料,学生分析长株潭城市群一体化的具体措施有哪些?

材料一:长株潭城市群实现了金融同城、电力同网;三市电话已统一升位为同一区号,移动和联通取消了漫游费,互通按市话收费;2020年完成了洞株路、潭州大道、芙蓉大道快速化改造,从长沙、株洲、湘潭三城互通仅需30分钟,形成半小时经济圈;三市从2006年开始实施了同一个规划、同一个财政政策、同一支环保执法队伍的环境同治。

材料二:南车株洲电力机车有限公司为长沙地铁提供了全新的、质量最好的地铁车辆。此前,双方签订了长沙地铁车辆合同该线路地铁首批价值近6亿元订单。

小结:完善的基础设施可以促进城市群空间扩展并改变城市外部形态,金融同城、电力同网、统一区号体现了基础设施一体化;修建城市快速道路、城市轨道交通打造半小时经济圈体现了交通一体化;政府的规划协调是城市群共同发展的重要保障。无论是城市之间的产业分工,还是一体化的基础设施网络建设,都离不开一个强有力的区域性组织来规划协调。同一财政政策、同一执法队伍体现了政策一体化。由材料二可见长沙的地铁株洲造,体现了产业链的上下游关系,城市之间经济相互合作、优势互补,体现了经济一体化。

长株潭城市群通过不断完善基础设施、优化交通、政策同步、经济一体化来加强城市之间的交流和合作。三个城市之间优势互补,并紧密联系。

环节四:忆往昔伤痛,晰今后方向

长株潭城市群能取得如此突出的成绩不是一蹴而就,也走过了许多曲折的道路。让时间倒流到十几年前,我们去长沙走一走(在此播放一则视频,视频二维码)。看完视频,

学生发表个人感受。

小结：基于季风气候、丘陵地形为主，以及燃煤为主的能源结构，大气污染物难以扩散容易积聚形成酸雨。城市以湘江为纽带，三城距离近，排污江段与取水江段交错，水资源调度和水质保护存在协调困难。有色金属储量大、开采冶炼产业发达，重金属污染较严重。资源丰富和重工业为主的工业体系导致环境污染问题较为突出。

痛定思痛，发展经济不能以牺牲环境为代价。阅读课本 P68 活动材料，学生分析长株潭城市群减少环境污染、资源浪费的具体措施有哪些？

小结：这些措施有什么共同点？它们都是对环境非常友好的，也节约了资源。这些措施取得了一些成效，污染大面积减少，环境质量大幅度提升，这些做法也得到了大家的肯定。

通过这些做法，原来长株潭城市群出现的环境污染以及资源浪费的问题有所改善，也确定了这个区域未来发展的方向。在 2007 年，长株潭城市群被国家批准为"资源节约型和环境友好型社会建设综合配套改革试验区"。我们一般简称它们为"两型社会"。

表 6–7　每万元 GDP 能源消耗上升或下降

	2012	2013	2014	2015	2016	2017	2018	2019
长沙	−6.04	−4.56	−5.71	−6	−4.26	−5.6	−4.77	−4.83
株洲	−6.29	−3.85	−9.47	−8	−5.47	−4.96	−5.54	−6..04
湘潭	−8.88	−7.58	−8.5	−7	−5.12	−5.53	−5.52	−3.96

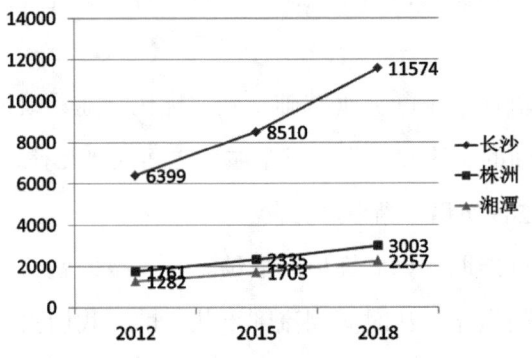

图 6–27　长沙、株洲、湘潭三个城市地区生产总值

展示表 6-7 和图 6-27，分析自从着力建设两型社会即资源节约型和环境友好型社会以来，我们看下每万元 GDP 能源消耗以及地区生产总值的具体变化。可以看到从 2012 年到 2019 年，每万元 GDP 能源消耗着三个城市都是负值，代表单位能耗在下降，降低能耗就是节约了资源，减少了污染物的排放。与此同时，三个城市的地区生产总值在不断上升。这说明能耗的下降与 GDP 上升是不矛盾的。每万元 GDP 能耗不断下降，但是 GDP 不断增长，发展两型社会的效果非常显著。

地理核心素养落实：同时可持续发展的理念应当落脚到我们的生活中，请同学们想一想，我们在日常生活中应该如何贯穿"两型社会"的发展理念？

小结：长株潭城市群以自身作为范本，告诉我们城市的发展需要在保护环境、资源节约基础上进行，人地关系和谐发展逐渐成了大家的深刻的共识。这也是长株潭城市从过去的污染之路到走一条可持续发展之路，最为深刻的体会。

四、教学反思

地理核心素养的落实，在本节课分为两步走，由浅入深，第一部分为基础知识的积淀，提供了图表、数据、图片、材料，让学生主动去获取知识，得出结论，目标是学生能够从地理学的角度观察地理事物并且运用地理技能来解决地理问题。第二部分为情感的升华，最后的落脚点在于人类活动与地理环境的关系上。通过回忆过去的伤痛回忆，明确区域的发展方向应该是人地关系和谐发展，走一条可持续发展之路。

第九节　初中体育课程实施学科育人实践案例

　　体育运动与人们的健康生活有着紧密联系。随着教育改革的不断深入，体育教学日渐得到了教育界的重视，人们对体育教学的传统观念在逐渐改变。体育作为中考必考科目，在综合评价中的重要性也逐渐增强。当前，体育教学已经摒弃传统的教学思想，不再是简单的体育运动教学和强化体育训练，体育成绩也不再是评价体育教学质量的唯一指标，学生对体育理论知识的掌握及学生的心智发展，也成为考评体育教学质量的关键内容。新时期的体育教学衡量标准更趋于多元化、更有深度、更关注体育教学的育人作用。所以，初中体育教师应紧跟体育教学改革的步伐，更新体育教学理念，以体育教学新理念为依据转换教学思路，创新体育教学方法，适度拓展体育教学内容，以实际行动为初中体育教学注入活力，打造更具时代感和先进性的精彩体育课堂，以适应教育新形势的发展，从而增强学生体质，发展学生的体育素养。新时期的体育教学应以育人为根本，以此为核心构建更加高效的初中体育课堂，让学生在体育学习中获得丰富的人生体验，锤炼其意志，促进其健康成长。

　　随着教育教学的改革与发展，体育科目在师生心中的地位得到了很大的提升，成为综合评价学生的重要参考指标，其重要性不言而喻。新时期的初中体育教师应及时更新教学观念，充分发挥自身的智慧和创造力，努力打造充满趣味的体育课堂，让学生积极参与到体育学习中，使体育教学不再是简单的体育运动训练，更是学生人格塑造和身心健康发展的催化剂，让学生在有趣的体育学习中不断成长。

　　本节以体育暑假家庭锻炼指导为例，诠释初中体育课程实施学科育人的教学路径。

体育暑假家庭锻炼指导

初一年级

体育锻炼	准备活动	采用徒手体操,柔韧性活动(颈部肩部腰部练习,压腿踢腿练习)3~5分钟
	主要部分	1. 慢跑或跑楼梯 20~30 分钟,跑步心率在 95 ~ 110 次/分为适宜跑速 2. 身体基础力量训练:仰卧起坐仰卧举腿(每次 3~4 组每组 20 个,每组间隔 5 分钟)跳绳(每次 4~6 次每次 1~2 分钟,每组间隔 1 分钟可以双脚齐跳、单脚跳、高抬腿跳),俯卧撑(女:立卧撑)(每组 15 个,每次 3~4 组),下蹲或蛙跳(每次 4~6 组每组 8~12 每组间隔 1 分钟) 3. 球类练习:篮球运球变换方向跑(多练习篮球运球,熟悉球感)
	结束部分	放松练习(采用慢走,整理活动或深呼吸、柔韧性活动)3~5 分钟

初二年级

体育锻炼	准备活动	采用徒手体操,柔韧性活动(颈部肩部腰部练习,压腿踢腿练习)3~5分钟
	主要部分	1. 慢跑或跑楼梯 20~30 分钟,跑步心率在 100~110 次/分为适宜跑速 2. 身体基础力量训练:仰卧起坐仰卧举腿(每次 3~4 组每组 30 个,每组间隔 5 分钟),跳绳(每次 4~6 次每次 1~2 分钟.每组间隔 1 分钟可以双脚齐跳、单脚跳、高抬腿跳),俯卧撑(女:立卧撑)(每组 20 个,每次 3~4 组),下蹲或蛙跳(每次 4~6 组每组 8~12 每组间隔 1 分钟) 3. 球类练习:篮球运球变换方向跑(多练习篮球运球,熟悉球感)
	结束部分	放松练习(采用慢走,整理活动或深呼吸、柔韧性活动)3~5 分钟

初三年级

体育锻炼	准备活动	采用徒手体操，游戏，柔韧性活动（颈部肩部腰部练习，压腿踢腿练习）3~5分钟
	主要部分	1. 慢跑或跑楼梯30分钟，跑步心率在100~120次/分为适宜跑速 2. 身体基础力量训练：仰卧起坐或仰卧举腿（每次3~4组每组50个，每组间隔5分钟），跳绳（每次6~8次每次1~2分钟，可以双脚齐跳、单脚跳、高抬腿跳），俯卧撑（女：立卧撑）（每组20个，每次3~4组），下蹲或蛙跳（每次4~6组每组8~12每组间隔1分钟） 3. 球类练习：篮球运球变换方向跑（多练习篮球运球，进行中考篮球绕杆练习）
	结束部分	放松练习（采用慢走，整理活动或深呼吸、柔韧性活动）3~5分钟

注意事项：

1. 针对学生的性别、年龄特征、身心特点，根据季节与气候的变化，同时关注学生的兴趣爱好，可以调节运动量和运动强度。

2. 可以选择自己喜欢的体育活动（游泳、健身操、武术、球类运动等）代替以上运动。

3. 锻炼要持之以恒。早上适宜锻炼时间为6~8时，傍晚适宜锻炼时间为5~6时，黄昏时分是锻炼的最好时段。坚持每天锻炼，每次锻炼时间至少为1小时，跑步每次必选，身体基础力量训练可任选1~3项。

总之，为了让孩子的身体从小能全面锻炼，使他们的身体能更快更好地发育成长，作为父母，你们不仅是孩子锻炼的监督者，也是孩子锻炼的指导者。家长应该以身作则，用自己的实际行动来影响孩子让他们逐渐喜欢体育，自觉进行体育锻炼，把体育运动当成一种习惯。

希望各位家长能督促或者共同参与完成这份暑假体育锻炼。

参考文献

[1] 易芙蓉，夏海鹰. 区域推进学校劳动课程建设的路径 [J]. 林区教学，2023（10）：82-86.

[2] 王力香. 现代媒体艺术特色校本课程的开发实践 [J]. 黑龙江教育（教育与教学），2023（10）：74-75.

[3] 王晓芳."立志"教育校本课程构建与实施 [J]. 教育家，2023（37）：54-55.

[4] 甘群，闫若婻，张文超. 新课改背景下学科融合的育人价值及其实现 [J]. 现代教育管理，2023（09）：96-104.

[5] 倪明辉，刘超，李楠. 新文科建设下跨学科育人背景意蕴、内涵耦合及路径探索 [J]. 继续教育研究，2023（10）：122-127.

[6] 林伟，吴虹."生活教育"理念下国家课程校本化的建构与实践 [J]. 留学，2023（17）：50-51.

[7] 魏薇，黄锦熙，于辰飞. 新课标背景下学科育人的价值、目标和实践路径 [J]. 辽宁教育，2023（17）：5-10.

[8] 高楠. 新课程背景下中学校本课程开发的困境与探索 [J]. 安徽教育科研，2023（24）：107-110.

[9] 于新星，袁亚京. 校本课程融入"五育"，启慧育心守护成长 [J]. 中国多媒体与网络教学学报（下旬刊），2023（08）：10-12.

[10] 董存铭."双减"背景下重置校本化课程体系的探究 [J]. 中学课程辅导，2023（24）：111-113.

[11] 祖瑞敏. 传统文化视域下校本德育课程的开发与实施 [J]. 中学课程辅导，2023（24）：126-128.

[12] 郭晓艳，李松林. 国外大观念课程研究：历程、主题与特点 [J]. 外国

教育研究，2023，50（08）：84-98.

[13] 康丹晖.核心素养下初中物理实验校本课程开发与实施研究[J].数理天地（初中版），2023（16）：36-37.

[14] 李洪兵，于晓莉.要重视新课程背景下教师的专业成长[J].全国优秀作文选（教师教育），2023（04）：7-8.

[15] 靳晓燕.语文教育：从学科教学走向学科育人[N].光明日报，2023-08-15（013）.

[16] 范丛丛.自我服务教育校本课程的实践与研究[J].学苑教育，2023（23）：7-8+11.

[17]. 科技特色学校课程教学设计与实践面临的问题[J].教学月刊　中学版（教学管理），2023（Z2）：34.

[18] 胡定荣.教师成为课程建设者的动力、路径与保障[J].教育家，2023（32）：14-15.

[19] 张菁，孙懿宏.教师参与课程建设的自身限制与外部阻力[J].教育家，2023（32）：12-13.

[20] 毛春红.基于学科育人的项目化实施策略例谈[J].语文世界（小学生之窗），2023（08）：64-65.

[21]. 指向创新素养培育的学校课程探索[J].上海教育，2023（Z2）：4.

[22] 韩骁杰.基于创新素养培育的学校课程建构[J].上海教育，2023（Z2）：7-8.

[23] 董林伟，郭庆松，赵维坤."做数学"：为学科育人探索新路径[J].中国基础教育，2023（08）：29-34.

[24] 刘涛.多学科协同育人研学课程的构建[J].教学与管理，2023（23）：24-26.

[25] 李雪庆，成伟.论学科教学的教育性及其实现[J].教育科学，2023，39（04）：27-33.

[26] 黄伟.学科育人：原理、机理与策略[J].江苏教育研究，2023（13）：

29-36.

[27] 任虎虎. 单元育人：物理学科育人的有效路径 [J]. 中小学教材教学，2023（07）：47-51.

[28] 张学炬. 融合的课程才更有助于立德树人 [J]. 山东教育，2023（Z4）：29.

[29] 王金德. 探索区域优质均衡的学校课程实施新路径 [J]. 山东教育，2023（Z4）：52-53.

[30] 陈银萍，田晓光. 以全学科阅读构建学校育人新样态 [J]. 山东教育，2023（Z4）：96-97.

[31] 耿文艳，卞国艳. 基于国家课程开发整合"黄河颂"课程资源 [J]. 天津教育，2023（19）：93-94.

[32] 许军，王丹妮. 在深度历史学习中彰显学科育人价值 [J]. 历史教学(上半月刊)，2023（07）：21-26+59.

[33] 杨小微. 一校一策：绘好学校课程育人"施工图" [J]. 中小学管理，2023（07）：1.

[34] 张玉华. 促进国家课程政策落实的学校课程规划：编制与实施 [J]. 中国教育学刊，2023（06）：61-67.

[35] 柳夕浪. 推动地方课程、校本课程与国家课程协同育人 [J]. 人民教育，2023（11）：19-21.

[36] 杨四耕. 从学习需求角度建设高质量课程体系 [J]. 中国民族教育，2023（05）：10.

[37] 吉标，杨旭. 课程视导：走向新时代的课程治理 [J]. 课程. 教材. 教法，2023，43（05）：13-19.

[38] 张朝晖. "双新"背景下，如何促进国家课程与校本课程的一体化实施？指向育人目标的工程素养培育课程体系 [J]. 上海教育，2023（12）：32.

[39] 王雅娴. 我国地方课程建设的回顾与发展展望 [J]. 课程教学研究，2023（03）：13-20.

[40] 夏雪梅. 国家课程的项目化学习：高质量的分类探索[J]. 上海教育科研，2023（03）：31-36.

[41] 郝德永. 论课程治理的国家体制[J]. 教育研究，2023，44（01）：58-68.